Elvio Deganello

Motorbuch Verlag Stuttgart

Einbandgestaltung: Johann Walentek unter Verwendung zweier Dias des Autors.

Copyright © 1993 by Giorgio Nada Editore, Vimodrone (Milano).
Die Originalausgabe ist erschienen unter dem Titel Le Vetture che hanno fatto la Storia – Fiat 500.

Die Übertragung ins Deutsche besorgte Günther Görtz.

Autos
die Geschichte machten

Eine Buchreihe im Motorbuch Verlag Stuttgart.
Bisher in der Reihe erschienen: Citroen DS/ID, Renault Alpine, BMW M 1, Fiat 124 Spider, Alfa Romeo, Porsche 911 turbo, Mercedes Heckflosse, BMW Kleinwagen, Datsun Z, Goggomobil.
Weitere Bände in Vorbereitung.

ISBN 3-613-01604-4

1. Auflage 1995.
Copyright © by Motorbuch Verlag, Postfach 10 37 43, 70032 Stuttgart.
Ein Unternehmen der Paul Pietsch Verlage GmbH + Co.
Sämtliche Rechte der Speicherung, Vervielfältigung und Verbreitung in deutscher Sprache sind vorbehalten.
Satz: Service-Center Schwabenverlag AG, 73760 Ostfildern.
Druck: Gulde-Druck GmbH, 72005 Tübingen.
Bindung: Großbuchbinderei Heinrich Koch, 72072 Tübingen.
Printed in Germany.

Inhalt

Wie es zu dem großartigen kleinen Fiat kam	Ein Auto für alle und für alles	9
	Der vierrädrige Erbe des Motorrollers	10
So war er aufgebaut		15
Vielversprechende Jugendjahre	1957: Der Zweizylinder lernt laufen	21
	Wer die ersten Käufer waren	23
	Im neuen Kleid: 500 Normale und 500 Economica	24
	Das Image wird aufpoliert: der 500 Sport	26
Eine Verschönerungskur	Der Zwerg schaut über die Grenze	31
	Genf 1959: fast schon ein Viersitzer	32
	Der Oktober 1960 bringt das D-Modell	34
Der Kombi von 1960: Keine Tränen mehr um den Belvedere		38
Großartige Erfolge und ein Abgang in aller Stille	1965: Beim F öffnen die Türen nach hinten	43
	Luxus auch für den Kleinsten	45
	Die letzte Station: Fiat 500 R	48
Der 500 und die »Haute Couture«		52
Der Zwerg auf der Rennpiste	500er Rennsportversionen in ganz Italien	69
	Im Zeichen des Skorpions: Fiat-Abarth 500	76
	Römische Varianten: Fiat-Giannini 500	81
Die 500er aus Deutschland und Österreich		83

Ratschläge für den Oldtimer-Freund 86

Die Erben: 126, Panda und »Cinquecento« 90

Anhang Baujahre und Erkennungsmerkmale 92
Technische Daten der 500er-Varianten 94
Produktionszahlen 109
Zulassungszahlen des Fiat 500 in Italien 109
Fahrgestellnummern 110

Fotonachweis und Danksagung

Fotos

Der größere Teil der für dieses Buch verwendeten Aufnahmen wurde von Fiats Centro Storico zur Verfügung gestellt. Andere Fotos stammen – neben Archivmaterial des Verlags Giorgio Nada – aus dem Archivio Giannini Automobili, von Elvio Deganello, Uberto Pietra und vom Museo dell'Automobile.

Danksagung

Autor und Verlag möchten sich bei allen jenen bedanken, die an der Entstehung dieses Buches mitgewirkt haben, besonders aber bei Cristiano Buffa, dem Leiter des Centro Storico Fiat, der uns zusammen mit seinen Mitarbeitern die Sichtung und Auswahl des Bildmaterials ermöglichte. Ebenso danken wir Antonio Amadelli, dem Direktor des Automobilmuseums »Carlo Biscaretti di Ruffia«, Donatella Biffignandi, die uns bei unseren Recherchen im Archiv des Automobilmuseums so freundlich unterstützte, ferner Daniele Buzzonetti und Annibale Cecconi sowie Antonello Degli Esposti und den Werkstattfachleuten von »Zale«, die uns viele nützliche Hinweise zum Kapitel über die motorsportlichen Aktivitäten gaben. Schließlich danken wir Uberto Pietra für die Dokumentation über die außerhalb Italiens gefertigten 500er.

Wie es zu dem großartigen kleinen Fiat kam

Links: Der Fiat Nuova 500 Trasformabile mit dem großen Stoffverdeck.

Unten: Fiat 500 D, als Viersitzer zugelassen. Mit dieser Variante begann der wahre Erfolg des 500ers, der infolge seiner geringen Leistung und seines Platzangebots für nur zwei Personen anfangs wenig Anklang gefunden hatte.

Ein Auto für alle und für alles

Mit rund fünf Millionen von 1957 bis 1975 gefertigten Exemplaren wurde der Fiat 500 zu einem Symbol für die Lebens- und Denkweise ebenso wie für Wunsch und Wirklichkeit des Autobesitzes im Italien der Nachkriegsjahre. So viel auch Zahlen auszusagen vermögen – 5 Millionen Autos und 18 Jahre Produktion – das

Phänomen »Fiat 500« läßt sich mit ihnen dennoch nicht ganz beschreiben.

Der eigentliche Grund für den Erfolg dieses ungewöhnlichen Kleinwagens liegt nicht allein in seinen objektiven Eigenschaften oder dem Können seiner Konstrukteure: Entscheidend war vor allem die Mentalität und die Situation seiner Käufer. Der 500 hatte keinen durch Preis und Leistung eng begrenzten Markt, man fand ihn überall, auf jedem sozialen Niveau, und er diente den verschiedensten Verwendungszwecken. Er war das Auto für den, der sich kein anderes Auto, und genauso für den, der sich alles leisten konnte, der aber gerade den Fiat 500 wollte. Er vermittelte das Gefühl, genau die richtige Wahl zu sein, gleich für welche Gelegenheit und für welche Aufgabe er gebraucht wurde. Und der Winzling ließ sich nahezu allen Anforderungen anpassen: als Rennwagen, als Geländeversion, als getunter »Special«, als Rekordbrecher, als Strand-Buggy. Trotz alledem war es aber schon das Serienmodell mit seiner universellen Verwendbarkeit, was den Fiat 500 so populär und berühmt werden ließ und ihn noch heute zu einem faszinierenden Liebhaberobjekt macht. Ihn näher unter die Lupe zu nehmen, bedeutet auch, die wirtschaftlichen und gesellschaftlichen Grundmuster Italiens am Beispiel eines Mediums kennenzulernen, das mehr ist als nur ein simples Jedermann-Auto.

Der vierrädrige Erbe des Motorrollers

Schon seit 1952 hieß es, Fiat werde ein kleines, besonders sparsames Modell auf den Markt bringen. Das Gerücht war anläßlich einer Auseinandersetzung zwischen Betriebsrat und Firmenleitung durchgesickert. Die Sache ging sogar vor Gericht und versandete schließlich, so daß 1955, als Fiat den 600 vorstellte, jedermann glaubte, man habe die Pläne für ein noch kleineres Modell endgültig begraben. Doch dem war nicht so. Denn Fiats großer Konstrukteur Dante Giacosa hatte trotz aller anderen Probleme und Projekte den Gedanken an ein Miniauto, das dem Roller Konkurrenz machen könnte, nie ganz aufgegeben. Tatsächlich ließ er sogar das Modell eines türlosen Kleinstwagens erstellen, dessen Äußeres von Stilelementen der Vespa inspiriert zu sein schien. Parallel dazu wurden Entwürfe aus Vorkriegszeiten wieder hervorgeholt, während man andererseits mit Neugier beobachtete, wie in Deutschland einige Kleinstwagen und »Kabinenroller« auftauchten, unter ihnen manch seltsame Kreuzung zwischen Motorrad und Auto.

1953 stand man dann an einem entscheidenden Wendepunkt, als ein deutscher Techniker namens Bauhof, Mitarbeiter im Karosseriewerk der Deutschen Fiat in Weinsberg, seinen Kleinstwagenprototyp nach Turin schickte, angetrieben von einem ILO-Einzylinder-Zweitakter. Letzterer schien mit Sicherheit zu schwach, doch in bezug auf das Karosseriekonzept war Giacosa von einigen der Ideen Bauhofs so angetan, daß er sie, wie er selbst einräumte, bei der Erstellung der endgültigen Konzeption des 500 in wesentlichen Teilen berücksichtigte.

Was dagegen den Antrieb betraf, so erwies sich der ILO-Zweitakter auf dem Turiner Prüfstand als unvereinbar mit Fiats Maßstäben für Wirtschaftlichkeit und Lebensdauer, genau wie es Giacosa vor-

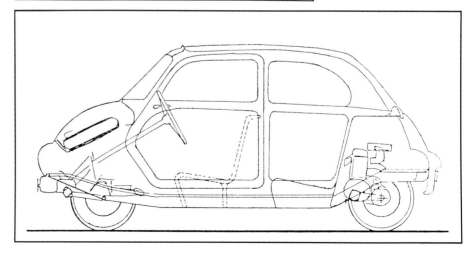

Oben: Der 600 von 1955 ließ vermuten, daß man bei Fiat den Gedanken an einen Kleinstwagen aufgegeben habe. Dante Giacosa aber hatte nie ganz davon abgelassen; er stellte sich das Fahrzeug als Konkurrenz zum Motorroller vor.

Mitte: Unter den diversen denkbaren Lösungen war auch dieser türlose Kleinstwagen, der in gewissen Details an die Vespa erinnert.

Unten: Eine entscheidende Wendung nahm Fiats Kleinstwagenprojekt, als ein junger Konstrukteur der Deutschen Fiat Weinsberg seinen Vorschlag für ein Mini-Auto mit ILO-Zweitakter vorlegte. Giacosa, der zwar den Motor sofort verwarf, gefiel das Fahrzeugkonzept so gut, daß er es für den Fiat 500 weitgehend übernahm.

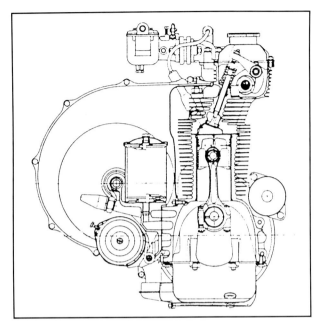

luftgekühlten Viertakt-Reihenzweizylinder, quer im Heck eingebaut und angeblockt an ein einfaches Getriebe, das sehr preiswert und ohne teure Kegelräder für den Hinterachsantrieb ausgeführt werden sollte.
Leider zeigten sich beim ersten Prototyp mit Quermotor-/Getriebeblock im Heck unannehmbare Vi-

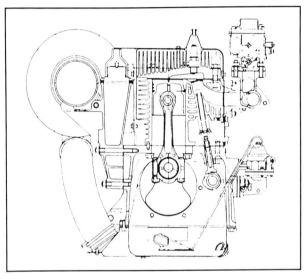

Die verschiedenen Entwürfe für den Antrieb des 500:

Oben: Schnitt durch den Zweizylinder »110 E1« mit obenliegender Nockenwelle und 479 cm³ Hubraum (Mai 1953).

Mitte: Schnitt durch den Motor »110 E4«, einen seitengesteuerten Zweizylinder mit 540 cm³ (Februar 1955).

Unten: Der Zweizylinder »110 E5«, kopfgesteuert über Stoßstangen und Kipphebel (April 1955). Er besaß 479 cm³ Hubraum und entsprach im wesentlichen dem endgültigen Antrieb. Alle drei Aggregate waren luftgekühlte Ottomotoren.

ausgesagt hatte. Auch seine Leistung lag weit entfernt von dem, was für akzeptable Fahrleistungen erforderlich gewesen wäre. Kein Zweifel – ein neuer Motor mußte her. Giacosa bevorzugte einen

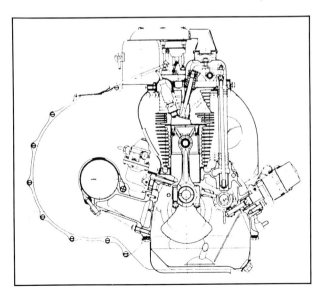

brationen, so daß das Triebwerk übereilt beiseite gelegt wurde, noch ehe nach geeigneten Abhilfemaßnahmen gesucht werden konnte. Die Schwingungen rührten von der Kurbelwelle her, deren Kurbelzapfen ohne Versatz nebeneinander angeordnet waren, um bei 360° Winkelversatz der Zündzeitpunkte beider Zylinder einen regelmäßigen Motorlauf zu erzielen. Doch das kleine Triebwerk vibrierte erheblich – trotz einer Ausgleichs-Schwungmasse zwischen den Pleuelzapfen der interessanten Gußkurbelwelle. In der Absicht, die Wirkung der Schwingungen abzuschwächen, wurde ein Längseinbau des Motors untersucht, der beim 600 bereits gute Resultate erbracht hatte. Die neue Baugruppe Getriebe/Differential/Hinterachse ähnelte am Ende stark derjenigen des großen Bruders, doch auch längs eingebaut übertrug der Zweizylinder in »Twin«-Bauweise starke Vibrationen auf den Wagenkörper, namentlich bei niedrigen Drehzahlen.

Die Techniker arbeiteten hart, um diesen Mangel zu beheben, und kamen auf eine vorzügliche Abhilfemaßnahme. Ihre Aggregataufhängung, ein kleines technisches Meisterwerk, löste auf billige und wirksame Weise ein kritisches Problem, das beinahe zur Beerdigung des Twin-Motors geführt hätte.

Öffnet man den Motorraum eines Fiat 500, so erkennt man auf den ersten Blick die Einfachheit und technische Raffinesse dieser Lösung, die mit einem System von Federn und Tragarmen die Schwingungsübertragung auf die Karosse auf ein mehr als nur erträgliches Maß reduziert. Auch mit der Karosserie selbst hatte sich Giacosa eingehend befaßt, denn er wollte dem kleinen Wagen eine gefällige Form und eine möglichst robuste Struktur vermitteln, ohne die Grundforderung nach Leichtbau und Wirtschaftlichkeit außer acht zu lassen.

Zwei Stylingmodelle wurden erstellt, das eine in enger Anlehnung an den 600, das andere vollständig neu. Die Firmenleitung wählte die modernere Form, und so wurde das Projekt 110 – ein Fahrzeug mit etwa 400 cm³ Hubraum – erstmals im Rahmen der Produktkonferenz »Neue Entwicklungen« am 18. Oktober 1954 diskutiert und auf den Weg gebracht. Das Karosseriekonzept war bald festgelegt, doch hinsichtlich des Motors und der Frage kopf- oder seitengesteuert bestand noch einige Unsicherheit. Andererseits wurde irgendwo im Hause immer noch an einem Boxermotor gearbeitet, den Giacosa jedoch aus Kostengründen ablehnte.

Auf der ersten Modellkonferenz des Jahres 1956 (am 4. Januar), an der auch Gianni Agnelli und Dr. Ing. Giovanni Nasi teilnahmen, wurde der Serienanlauf für das Projekt 110 auf das Frühjahr 1957 festgelegt. Von nun an konzentrierte man sich nur noch auf Serienreifmachung und Produktionsvorbereitung. Spezielle Untersuchungen führten zu Materialeinsparungen bei der Preßteilherstellung und durch Einsatz der neuesten damals verfügbaren Werkstoffe und Methoden. Erwähnt sei hier besonders die gegossene (statt geschmiedete) Kur-

Rechts: Der Fiat Nuova 500 in seiner ersten Version, hier neben dem 600 und dem 1100/103 E.

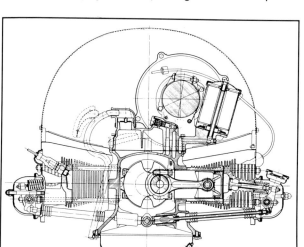

Obgleich Giacosa überzeugt war, daß der Boxermotor für einen Kleinwagen zu teuer sei, arbeitete man irgendwo im Hause auch an dieser Lösung. Der Zweizylinder-Boxer »110 E6« (vom Juli 1955) mit 435,8 cm³ Hubraum stellte die aufwendigere Alternative für den Antrieb des zukünftigen Fiat 500 dar.

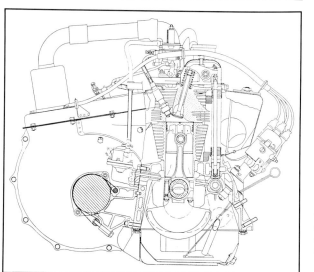

Schnitt durch den Motor Typ 110 in endgültiger Serienform. Anfangs war der größte Nachteil dieses Triebwerks sein Schwingungsverhalten, das von der Bauweise der Kurbelwelle bestimmt wurde. Der Mangel selbst wurde nie ganz behoben, doch die geschickt ausgeführte Aggregataufhängung milderte ihn auf ein durchaus erträgliches Maß.

belwelle. Für dieses wichtige Bauteil kam zum erstenmal perlitischer Grauguß zum Einsatz, ein zu dieser Zeit gerade neu entwickelter Werkstoff, der hinsichtlich Festigkeit dem Stahl gleichzusetzen ist, aber eine wirtschaftlichere Fertigung ermöglicht. Kosten aber waren auch damals lebenswichtig, insbesondere für Kleinwagen. Aus der großen Zahl weiterer, genial einfacher und wirtschaftlicher Lösungen nennen wir hier nur noch die neuartige Ölfilterung unter Nutzung der Fliehkraft, das Getriebe mit »Schalterleichterung« und das Kupplungsausrücklager mit dem Graphitring.

Noch während der Serienvorbereitung kamen Bedenken kommerzieller Art auf, die den ersten Lebensabschnitt des 500 stark belasteten und sogar seine Existenz in Frage stellten. Es ging dabei um die zukünftige Positionierung dieses Kleinstwagens am Markt, die – so die Befürchtungen – den Absatz des mittlerweile bestens eingeführten 600 gefährden könne.

Eigens aus diesem Grunde senkte man die Dachlinie zum Heck hin deutlich ab, und zwar so weit, daß im Fond mit Sicherheit niemand sitzen konnte. Giacosa, der an die zwei Sitzplätze des Motorrollers dachte, vermutete, daß Rollerfahrer (seine Wunschkunden!) für den Vorteil eines Daches über dem Kopf gewisse Unbequemlichkeiten in Kauf nehmen würden. Er hoffte auch, daß der 500 sofort ein voller Erfolg werden und, da sein Styling moderner war als das des 600, schon bald eine neue Ausgabe des Schwestermodells (den 600 A) erforderlich machen würde. Doch die Reaktionen auf den 500 mit nur zwei Plätzen waren überraschend kühl und ließen nicht nur die Neuauflage des 600 völlig überflüssig erscheinen, sondern hielten den Absatz des neuen Fiat-Zwergs so lange am Boden, bis er einige Zeit später mit den notwendigen Änderungen wieder erschien.

Das Juli-Titelblatt der Zeitschrift »Quattroruote« (Nr.7/1957) zeigt in einer Vorab-Skizze den erst ab August produzierten Nuova 500. Gut sichtbar das nach hinten abfallende Dach, das keine Sitzplätze im Fond erlaubt. Fiat befürchtete nämlich, ein 500 mit vier Sitzplätzen könne dem 600er Konkurrenz machen.

So war er aufgebaut

Der Fiat 500 besaß eine selbsttragende, aus Stahlblech gepreßte Karosserie. Dante Giacosa selbst leitete mit großem persönlichen Interesse die Entwicklung dieser für die Gesamtkonzeption außerordentlich wichtigen Baugruppe. Zwei Besonderheiten, die schon im legendären Vorkriegs- »Topolino« (»Mäuschen«) und im 600 zu finden waren, zeigen dem Kenner deutlich Giacosas Handschrift: Die eine ist der ungewöhnlich bequeme Einstieg, den die Türen erlauben, die andere der auf das absolute Mindestmaß reduzierte Einsatz von Blech. Es ist kaum möglich, sich einen Kleinwagen mit den Daten des 500 vorzustellen, der mit noch weniger Blech auskäme. Kein noch so geschickter Karossier hat es bisher fertiggebracht, es in dieser Hinsicht auf Anhieb besser zu machen als der Turiner Konstrukteur.

Das Bestreben Giacosas, seine Autos mit geringstmöglichem Materialaufwand zu erstellen, war das Ergebnis seiner strengen Erziehung zu Sparsamkeit und Bescheidenheit von klein auf. Als er begann, für Fiat Autos zu konzipieren, kam diese Einstellung der Forderung nach äußerstem Leichtbau zugute. Zu dieser Zeit war nämlich der Anteil der Arbeitskraft an den Produktkosten so gering, daß man den Fertigungsaufwand für ein Auto praktisch durch Multiplizieren seines Gewichts mit dem Kilopreis für verarbeitete Werkstoffe ermitteln konnte. So wurde der 500 unter dem Gesichtspunkt kostenbewußter Fertigung und Funktionalität wahrlich ein Meisterstück.

Links: Ein Werbeargument bei der Vorstellung des Nuova 500 war die »Bewegungsfreiheit« seiner Besitzer. Doch das Auto konnte mit seiner spartanischen Konzeption den Kundenkreis, für den es bestimmt war, nicht mitreißen.

Rechts: Dieser 500er ist mit Weißwandreifen ausgestattet, einem der wenigen damals erhältlichen Extras.

Und die sachliche Schönheit seiner Linienführung sorgte in den 60er Jahren dafür, daß ihm die höchste italienische Auszeichnung für Industriedesign, der »Compasso d'oro« (Goldener Zirkel), zuteil wurde.

Der Nuova 500 war ein »richtiges« Auto – trotz seiner minimalen Abmessungen: einem Radstand von nur 1840 mm, Spurweiten von 1121 mm (vorn) und 1135 mm (hinten), einer Länge von 2970 mm, einer Breite von 1320 mm und einer Höhe von 1335 mm. Die knappen Dimensionen und sein geringes Gewicht verliehen ihm eine ungewöhnliche Wendigkeit.

Abgesehen von ihren Abmessungen, entsprachen Lenkung und Radaufhängungen denen vom 600er. Die vordere Einzelradfederung bestand aus einer in zwei Punkten unten an der Karosserie elastisch gelagerten Querblattfeder, Achsschenkeln und oberen Querlenkern. In dieser Einbaulage wirkte die Feder als Querstabilisator, der bei asymmetrischem Ein- und Ausfedern der Räder in der Kurve die Aufbauneigung verminderte. Hydraulische Teleskopstoßdämpfer vervollständigten die äußerst einfache Vorderachskonstruktion. Die Spindellenkung (Übersetzung 2:26) wirkte über eine symmetrisch dreigeteilte Spurstange auf die Vorderräder. Auch hinten war der Wagen einzeln abgefedert, hier aber durch Schraubenfedern mit innenliegenden Teleskopdämpfern und elastisch gelagerte Schräglenker aus Stahlblech. An allen vier Rädern hatte der 500er hydraulische Trommelbremsen mit selbstnachstellenden Backen. Diese Neuerung bestand in einer einfachen Vorrichtung für den Spielausgleich zwischen Backen und Trommel. Die Handbremse wirkte mittels Bowdenzug auf die Hinterräder. Die Stahlscheibenräder trugen Diagonalreifen der Abmessung 125 x 12; das L-Modell erhielt später serienmäßig Gürtelreifen. Zur 12-Volt-Elektrik gehörte eine 180-Watt-Lichtmaschine (230 W ab dem D-Modell), auf deren Welle auch das Kühlgebläserad saß, und deren Keil-

Oben: Die erste Serienversion des Nuova 500, wie sie von August bis November 1957 gefertigt wurde. Man erkennt, daß dem Auto nahezu jeglicher Zierat fehlt. Die Scheiben sind fest eingebaut und umrahmt von schwarzen Gummidichtungen. Für die Innenbelüftung sorgen nur die seitlichen Ausstellfenster und drei kleine Luftschlitze unter jedem Scheinwerfer. Im Winter nutzte man die warme Luft des Motor-Kühlgebläses zum Heizen; als Extra gab es Defrosterdüsen.

Unten: In der warmen Jahreszeit konnte man das von leichten Streben geführte Stoffverdeck vollständig öffnen. Der besondere Blickwinkel läßt auf dem Foto die ungewöhnliche Form des Innenspiegels dieser ersten Serie erkennen, ebenso das Bosch-Zündschloß und den oben in der Mitte der Instrumententafel liegenden Blinkerschalter.

Oben: Der Nuova 500 der ersten Bauserie von 1957 mit offenem Kofferraum. Unter dem vorderen Deckel erkennt man die Form des Kraftstofftanks, die im weiteren Verlauf mehrmals geändert wurde, um Platz für Gepäck zu gewinnen.

Unten links: Blick auf den rechten Scheinwerfer (noch ohne Chromring) und auf die oval geformte seitliche Blinkleuchte. Die ganze Linienführung wirkt ausgesprochen harmonisch.

Unten rechts: Der 500 der ersten Serie »en face«. Auffallend spartanisch sind die wenigen blanken Zierteile: die Leiste auf dem vorderen Deckel, der Stoßfänger, der Minigrill mit dem Fiat-Emblem und die Zierteile links und rechts davon.

riemen gleichzeitig für die Kühlung zuständig war. Der 250-Watt-Anlassermotor spurte mit seinem Ritzel in den Zahnkranz des Schwungrads ein.

Zwischen den Sitzen befand sich der Zugknopf für den seilzugbetätigten Anlasser. Die Scheinwerfer (asymmetrisches Abblendlicht ab F-Modell) waren mit 40/50-Watt-, die Positionslichter vorn mit 5-Watt- und die Brems-/Schlußlichter mit 20/5-Watt-Lampen bestückt. Die Glühlampen in den Blinkern am Heck hatten 20, die vorn-seitlichen 5 Watt. Außerdem gab es hinten Kennzeichenleuchten, eine Innenbeleuchtung über dem Spiegel (ab 1961 über Türkontakte geschaltet) und Licht am Instrumententräger, in dem sich Kontrollampen für Öldruck, Batterieladung, Kraftstoffreserve und Scheinwerfer befanden. In wechselnder Zahl und an unterschiedlichen Stellen des Instrumentenbretts waren u. a. Kontrolleuchten für Fernlicht und Blinker angeordnet. Hinter dem Minigrill war vorn im Gepäckraum das Signalhorn montiert (nur bis zum L-Modell; danach saß es unter der vorderen Blechverkleidung) und wurde mit einem Hupenknopf im Lenkrad bedient. Für den zweiarmigen Scheibenwischer war der Schalter an der Instrumententafel angebracht. Bis 1964 stellte man die Wischer von Hand durch weiteres Betätigen des Schalters zurück; ab diesem Datum geschah die Rückstellung automatisch. Mit der 2. Bauserie 1957 (Normale) führte Fiat Lenksäulenschalter für die Blinker und für das Umblenden der Scheinwerfer ein, das bei der allerersten Serie noch durch Drehen am Bosch-Zündschloß geschah. Der Blinkerschalter der ersten Bauserie befand sich dagegen noch oben in der Mitte des Instrumentenbretts.

Der Motor (Projekt-Nr. 110) war in Einheit mit Kupplung, Getriebe und Differential im Heck des Wagens angeordnet. Es war ein Zweizylinder-Viertakter, dessen Graugußzylinder reichlich mit Kühlrippen bestückt waren, mit einem Kurbelgehäuse aus Aluminium. Die ersten Modelle hatten 479 cm^3 Hubraum aus 66 x 70 mm Bohrung und Hub, woraus später

Die Werbekampagne für den Nuova 500 bediente sich geschickt einiger erlesener Landschaftsaufnahmen. Hier sieht man den neuen Kleinen auf der Paßhöhe des Stilfser Jochs, das zu allen Zeiten zu den schwierigsten Kletterpartien für Autofahrer gezählt hat. Sicher hätte der luftgekühlte Motor beim steilen Aufstieg nicht »gekocht«, und die beachtliche Kurvenlage hätte die Aufgabe für den Fahrer gewiß erleichtert. Doch das Foto verschweigt, daß die schwache Leistung (13,5 PS/9,9 kW) für diesen Paß nie gereicht hätte. Erst die nachfolgenden Versionen erreichten in mehreren Schritten schließlich bis zu 21 SAE-PS (ca. 15 kW).

bei gleichem Hub und 67,4 mm Bohrung 499,5 cm^3 wurden. (Näheres über die Modellbezeichnungen, Hubvolumen und Leistungen aller Varianten im Anhang »Technische Daten«.)

Der Zylinderkopf besteht aus Aluminium mit eingesetzten Ventilsitzringen; die Ventile stehen darin unter 12° zur Zylinderachse und zueinander parallel. Sie werden über Kipphebel und in Schutzrohren laufenden Stoßstangen betätigt. Die im Kurbelgehäuse liegende Nockenwelle erhält ihren Antrieb von der Kurbelwelle über eine geräuscharme Kette. Beim R-Modell setzen die Kipphebel außermittig auf die Ventilschäfte auf, um ein Rotieren der Ventile und damit eine Selbstreinigung der Sitze zu erreichen. Von der Nockenwelle angetrieben werden die Zündverteilerwelle (über Schraubenräder) und die Membran-Benzinpumpe (über Exzenter). Die Zahnradölpumpe befindet sich auf dem rückwärtigen Ende der Nockenwelle. Die Ölwanne faßt 1,67 Liter; das Öl wird von der Pumpe durch Saugrohr und Siebfilter gefördert und über ein Zentrifugal-Feinfilter zum Kurbeltrieb und zur Nockenwelle transportiert. Von den

Hauptlagerstühlen aus werden unter Druck die Pleuel versorgt und durch austretendes Spritzöl auch Kolben und Zylinderwandungen. Der Betriebsöldruck beträgt 2,5 bis 3 bar; fiel er unter 1 bar, so leuchtete die Warnlampe am Instrumentenbrett auf. Die aus perlitischem Grauguß hohl gegossene Kurbelwelle besitzt zwischen den beiden Kurbelzapfen eine zentrale Ausgleichsmasse. Die Welle ist zweifach – jeweils an den Enden – in dünnwandigen Schalen gelagert. Die Kurbelzapfen liegen um 360° versetzt, d. h. auf einer Ebene nebeneinander (Twin-Bauweise). Die Pleuel mit zweifach geschraubten Lagerdeckeln laufen in Bronzeschalen. Auf dem hinteren Wellenende sitzt die Riemenscheibe für den Antrieb des Gebläserads, in deren Innern der Zentrifugal-Ölfilter untergebracht ist. Für die Kraftstoffversorgung dient ein Fallstromvergaser mit manueller Startvorrichtung (Choke). Vergaserhersteller und Typ wech-

Oben: Längsschnitt durch das Antriebsaggregat. Wie man sieht, sind keine Synchronisierungen, aber sog. »Schalterleichterungen« vorgesehen.

Unten: Blick in den Motorraum, in dem vor allem der Leichtmetallbock der hinteren Aggregataufhängung auffällt.

selten von Zeit zu Zeit (vgl. »Technische Daten« im Anhang). Der 500 hat Batteriezündung mit Spule, Unterbrecher und Fliehkraft-Zündverstellung. Die Kerzen sind in den Luftleitblechen mit Gummikragen abgedichtet, um die Kühlluftverluste gering zu halten. Der Motor besitzt eine Gebläse-Luftkühlung; sie besteht aus dem vom Keilriemen getriebenen Gebläserad im Gehäuse, einem groß dimensionierten Luftführungsschlauch und Luftleitblechen mit einer thermostatisch geregelten Luftklappe. Diese sorgte dafür, daß den Zylindern nur die temperaturabhängig erforderliche Kühlluftmenge zugeführt wurde. Ein Teil der geförderten Luft umspült die Ölwanne, ein anderer wird durch das Saugrohr zum Vergaser geschickt. Im Winter konnte der größte Teil der von den Motorzylindern erwärmten Luft zum Heizen ins Wageninnere geleitet werden. Das Prinzip der Kraftübertragung entspricht etwa dem des 600 mit einer Einscheiben-Trockenkupplung und einem Vierganggetriebe, das zwar unsynchronisiert, aber mit einer »Schalterleichterung« (ähnlich der von Motorradgetrieben) ausgestattet ist. Die Getriebeübersetzungen lauten für den 1. bis 4. Gang 3,273 – 2,067 – 1,300 – 0,875 und für den Rückwärtsgang 4,134. Der Achsantrieb mit Differential und Kegel- und Tellerrad war 8/41 übersetzt (nur beim Sport- und beim R-Modell 8/39). Von hier aus läuft der Antrieb über zwei Pendel-Achswellen mit Gleitsteingelenken innen am Differential zu den Hinterrädern. Die Antriebswellen, bei der allerersten Bauserie noch sehr schwach, wurden in der Folge, den steigenden Leistungen entsprechend, im Durchmesser verstärkt.

Aus diesem Schaubild gehen die wichtigsten mechanischen Baugruppen und ihre Einbaulage hervor. Radaufhängungen und Kraftübertragung entsprachen weitgehend denen des 600, wenn auch an die kleineren Abmessungen angepaßt. Vollständig neu sind der luftgekühlte Zweizylinder, die selbstnachstellenden Bremsen, der Fliehkraftölfilter und die gegossene Kurbelwelle.

Vielversprechende Jugendjahre

1957: Der Zweizylinder lernt laufen

Anfang Juli 1957 präsentierte Fiat seinen neuen Kleinwagen mit leichter Verspätung gegenüber dem geplanten Termin. Die Öffentlichkeit konnte sich selbst davon überzeugen, daß der Nuova 500 kein »Motorrad mit Dach« war, sondern ein vollwertiges Auto, wenngleich diese Bezeichnung nicht allzu streng auszulegen war. Denn trotz aller offensichtlichen Vorzüge fehlten dem 500 eine Menge Ausstattungselemente, auf die man auch damals schon ungern verzichtete. Alle Scheiben waren unbeweglich, mit Ausnahme der kleinen dreieckigen Ausstellfenster, die sich nicht feststellen ließen, und an denen man sich beim Lenken die Fingerknöchel stoßen konnte. An warmen Tagen übernahmen das vollständig zurückgeschlagene Stoffverdeck und die kleinen Lufteintritte unter den Scheinwerfern die Belüftung des Fahrgastraums. Von den Lufteintritten liefen Luftführungen und Schläuche aus Preßpappe zu den mit kleinen Schiebern verschließbaren Öffnungen im Wageninnern. Diese gewiß sehr sparsame Lösung war nun alles andere als ideal, und im übrigen konnte bei Regenwetter Wasser durch die Schieber eintreten.

Auch die Heizungsanlage ließ viele Wünsche offen. Serienmäßig gab es zwar warme Luft vom Motorgebläse, doch für Defrosterdüsen für die Frontscheibe mußte man extra berappen.

Äußerlich bot der Nuova 500 einen bescheidenen, ja ärmlichen Anblick, der den anspruchsvollen italienischen Geschmack vor den Kopf stieß. Zu einer Zeit, da die Schönheit eines Autos vor allem an seiner Dekoration mit Chromteilen gemessen wurde, ließ der 500 solchen Zierat fast völlig vermissen. Auch seine Felgen waren so sachlich ausgeführt und lackiert, daß sich Radzierkappen erübrigten. Dennoch wollten die Leute diese Neuerung nicht hinnehmen und waren so lange nicht zufrieden, bis Fiat serienmäßig vier glitzernde, völlig unnötige Blechkappen auf die Räder setzte.

Die Präsentation des Nuova 500 war ausgezeichnet organisiert. Filmstars, Rennfahrer und andere Prominenz waren eingeladen. Im Bild ein Schönheitskorso entlang der Endmontagestraße im Turiner Werk.

Die ungewöhnliche Sparsamkeit des kleinen luftgekühlten Zweizylinders und ein günstiges Ratenzahlungssystem hätten eigentlich den Absatz des neuen Kleinwagens fördern müssen, doch die Beschränkung auf zwei Sitzplätze, die minimalen Fahrleistungen (Spitze nur 85 km/h) und die schon beschriebene, spartanische Ausstattung bremsten in der ersten Phase erheblich den Verkauf. Anders als beim 600 einige Jahre zuvor, überhäufte man das Werk nicht sogleich mit Bestellungen. Gewiß war auch der Zeitpunkt nicht gerade günstig: Es war Juli, und die meisten Familien gaben um diese Zeit ihr Erspartes für den Urlaub aus. Für den größten Teil der potentiellen Käufer war auch die verspätete Präsentation ein Grund, ihr Vorhaben noch zu verschieben und zuerst die Erfahrungen und Reaktionen derjenigen abzuwarten, die einen der Vorserienwagen er-

Oben: Der Festzug, bereit zum Verlassen des Werksgeländes. In der ersten Reihe steht nicht zufällig ein Motorrad (eine Gilera Saturno mit Abarth-Auspuff).

Unten: Der Zug der 500er hat Rom erreicht.

Links: Jayne Mansfield, kurvenreiche Schirmherrin einer Benefizveranstaltung, bei der es um einen Fiat 500 geht.

Rechts: Erzbischof Giovanni Montini von Mailand, späterer Papst Paul VI., mit dem gestifteten Nuova 500.

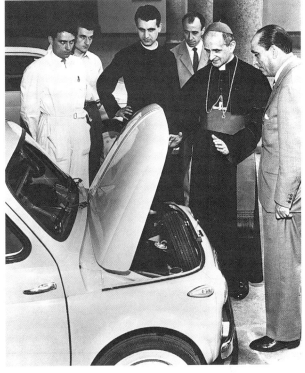

halten hatten. Durch die begrenzte Auflage dieser ersten Bauserie wurde der noch im Originalzustand befindliche Nuova 500 mit festen Seitenscheiben und Blinkerschalter oben im Instrumentenbrett zu einem der heute gesuchtesten Sammelobjekte. Ihre Zahl ist auch deshalb so gering, weil nur wenige Besitzer darauf verzichteten, ihre so spärlich ausgestatteten Autos auf die späteren Serienänderungen umrüsten zu lassen.

Wer die ersten Käufer waren

Es waren größtenteils neue Käuferschichten, die in den Verkaufsräumen als Interessenten für den Nuova 500 erschienen: zum einen Besitzer antiker, mittlerweile schrottreifer Vorkriegs-»Topolinos« aus zweiter Hand, zum andern Leute, die von zwei auf vier Räder umsteigen wollten und immer wieder an den Ausstellungsräumen vorbeigingen, um den schönen Traum hinter Glas zu bewundern. Entschlossen sie sich dann, einzutreten, stellten sie ihren Scooter gedankenverloren irgendwo ab, als sei er etwas, das man rasch vergessen müsse, streichelten den ersehnten Vierrädrigen mit liebevollen Blicken – und fragten nach dem Preis. Im nächsten Augenblick wurden sie aus ihren Träumen gerissen: Der Nuova 500 kostete so viel, daß es sich fast lohnte, weiterzusparen und gleich nach dem 600 zu schielen.

Die Verkäufer brauchten all ihre Kunst, um wenigstens einige der Roller- und Motorradfahrer zu überzeugen. Wichtigste Argumente waren ein Vergleich mit den Zweirad-Betriebskosten sowie die bequemen Teilzahlungsbedingungen, die Fiat bot: 30 Monats-

raten mit von 25.000 auf 15.000 Lire abnehmenden Beträgen.

Neben den Roller- und Motorradfahrern hatte der 500 noch eine weitere potentielle Zielgruppe: die Söhne und Töchter, denen der Papa zum achtzehnten Geburtstag oder zum bestandenen Abitur ein Miniauto schenken wollte. In diesem Fall wurde der Preis zumeist bar bezahlt. Schließlich kaufte eine größere Gruppe, vornehmlich in den Großstädten, den 500 als Zweitwagen. Eine klare soziale Einordnung der Käufer des Nuova 500 fiel daher gewiß nicht leicht.

Die Unmöglichkeit, Zielgruppen nach festen Grundsätzen zu definieren, half mit, dem kleinen, als Großserienprodukt angelegten Auto von allem Anfang an einen klassenlosen, eher anonymen Appeal zu verschaffen: Der Besitzer des 500 war – wie einst bei uns der des »Käfers« – nicht am Wagen zu erkennen; er konnte Student oder Professor, Arbeiter, Angestellter oder gar der Firmenchef sein, der lediglich seine große Limousine zu Hause ließ, um schneller durch den Stadtverkehr zu kommen.

Zwei Monate nach der offiziellen Vorstellung begann man mit der Lieferung von Fahrwerken an Karossiers für den Bau von »Specials«. Doch wie alle anderen anfänglichen Versuche, den Absatz des 500 zu steigern, war auch dieser nicht von großem Erfolg gekrönt.

Im neuen Kleid: 500 Normale und 500 Economica

Der zu teure, zu schwache (13,5 PS/10 kW), zu spartanische und zur Unzeit präsentierte Nuova 500 erschien bereits im Oktober 1957 mit so wesentlichen Änderungen, daß man – ganze drei Monate nach der ersten – von einer zweiten Bauserie sprechen konnte. Fiat hatte den Halbliterwagen in technischer Hinsicht verbessert und mit anderer Ausstattung und geändertem Preis neu im Markt positioniert. Von nun an waren zwei Versionen erhältlich: ein 500 »Normale« und ein 500 »Economica«. Dieser letztere, dessen Karosserie das ärmliche Finish der ersten Bauserie behielt, leistete nun mit neuem Vergaser und neuer Nockenwelle 15 PS (11 kW).

Der Preis des Economica wurde von anfangs 490.000 auf 465.000 Lire gesenkt. Das neue Modell Normale wies nun – neben dem auf 15 PS (11 kW) angehobenen Motor – sowohl Modifikatio-

Oben: Juan Manuel Fangio, fünffacher Formel-1-Weltmeister, lobt den neuen Fiat-Kleinwagen. Ungeachtet der großen Zahl prominenter Gäste bei der Präsentation glaubten Hersteller und Konstrukteure, ihre Käufer vor allem in Kreisen motorisierter Zweiradfahrer suchen zu müssen.

Unten: Dieses Werbefoto will den Eindruck vermitteln, daß der Mann mit dem (natürlich nur einsitzigen) Leichtmotorrad neidvoll auf die junge Familie schaut, die im Nuova 500 Platz findet.

Links: Nicht nur als Erstwagen für den bisher auf zwei Rädern Fahrenden war der 500 vorgesehen, auch die Rolle eines Zweitwagens für die Familie, die bereits ein Auto besaß, sollte er übernehmen. Das anspruchsvolle, zweifarbige Coupé im Hintergrund ist ein 1900 B »Granluce«, damals Topmodell des Hauses.

Rechts: Eines der für den 500 anvisierten Einsatzgebiete waren auch die Großstädte. Angesichts der dortigen Verkehrsverhältnisse versuchte Fiat, Kunden zu gewinnen, die viel beruflich unterwegs sein mußten und das schwierige Fahren und Parken in den Großstädten zunehmend als Belastung empfanden.

nen an der Karosserie auf, die ihn gebrauchstüchtiger machten, als auch rein formale, durch die er nach dem Diktat aktueller Mode erst »akzeptabel« wurde. Dabei handelte es sich um die folgenden Punkte: verchromte Scheinwerfer-Zierringe; Ausstellfenster mit Feststeller; versenkbare Türscheiben; Lenkrad mit neuem Hupenknopf; Licht- und Blinkerschalter an der Lenksäule; Zierleisten an den Seiten an Gürtellinie und Schweller; Radkappen aus poliertem Aluminium; leicht gepolsterte Notsitzbank im Fond; Schriftzug in Aluminium »Nuova 500« hinten am Motordeckel; neuer Schalthebelknopf. Dabei kostete der 500 Normale zwar 490.000 Lire wie in der 1. Bauserie, doch die Verschönerungskur ließ diesen Preis jetzt angemessener erscheinen. Als Extras wurden für 6.000 Lire Weißwandreifen und für 5.200 Lire eine Innenausstattung in Kunstleder angeboten. In einer wohl einmaligen Aktion in der Geschichte des Automobils leistete Fiat Rückzahlungen an alle 500 Käufer von Wagen der ersten Bauserie in Höhe von je 25.000 Lire, um sie für die jetzt erfolgte Aufwertung bzw. Preissenkung zu entschädigen. Diese Geste wurde allgemein gewürdigt und hat dem Image des Herstellers und seines Produkts sicher sehr genützt.

Obschon sich der 500er in der neuen Version mit dem etwas stärkeren Motor und der verbesserten Ausstattung zu einer einigermaßen vernünftigen Wahl für den Kleinwagenkäufer gemausert hatte, war sein Erfolg zunächst noch kümmerlich. Das beruhte wohl vor allem auf dem schlechten Ruf, den sich das Auto durch die Unzufriedenheit der ersten Käufer eingehandelt hatte: zu spartanisch und zu schwach motorisiert. Damals verlautete, Dante Giacosa habe angesichts des schleppenden Absatzes seiner Neuschöpfung einen Nervenzusammenbruch erlitten und müsse sich an der Ligurischen Küste kurieren.

Die weit wirksamere Kur wäre freilich der kommerzielle Durchbruch gewesen, der sich, wie wir noch sehen werden, erst nach weiteren kleinen, aber wichtigen Änderungen einstellte.

Das Image wird aufpoliert: der 500 Sport

Im Bewußtsein, daß sportliche Erfolge schon immer zu den besten Verkaufsargumenten für Serienautos zählten, erwog man bei Fiat, dem Kleinen mit dem immer noch etwas kläglichen Image durch sportliche Aktivitäten in den verschiedensten Disziplinen auf die Sprünge zu helfen. So beauftragte man Abarth in Turin, mit einer Variante des Winzlings neue Sprint- und Langstrecken-Weltrekorde in der Klasse bis 500 cm^3 aufzustellen. Die Marke mit dem Skorpion erfüllte diese Aufgabe meisterhaft – sowohl mit einer geschlossenen Version mit Serienkarosserie als auch mit einem Monoposto, einem offenen, einsitzigen Rennwagen. Fiat aber, noch immer nicht zufrieden mit dem Aufsehen, das diese Rekorde erregten, stürzte sich selbst in die Schlacht. Sein eigens für den Motorsport konzipiertes Modell kam im September 1958 heraus.

Der Nuova 500 Sport war eine Variante des Normale mit eindeutig sportlichem Charakter. Das »scharfe« Miniauto wurde denn auch in zwei Ausführungen angeboten: ganz zu Anfang als geschlossene Limousine, dann aber auch als »Sport tetto apribile« (kurz: t.a., Bezeichnung für das gekürzte Stoffverdeck). Während die erstere mit ihrem vollständig geschlossenen Stahlblechdach mit drei Längssicken eine Neuerung darstellte, entsprach die Karosserie des »Sport t.a.« (mit kleinen Abwandlungen) der 1959 erschienenen Variante des serienmäßigen Normale. Beide aber waren von weitem erkennbar an den breiten roten Streifen in Höhe der Gürtellinie und den roten Felgen (beide Varianten waren nur in Weiß erhältlich). Nur die letzte Ausgabe des »Sport t.a.« von 1960 mit den neuen Positionslampen kam statt der roten mit grau-metallic lackierten Felgen heraus. Räder in dieser Farbe hatten im übrigen alle 500er jenes Jahrgangs einschließlich des D-Modells.

Weit umfassender waren jedoch die Änderungen am Motor der Sport-Version mit der Bezeichnung 110.004. Durch Aufbohren der Zylinder auf 67,4 mm bei gleichem Hub von 70 mm erreichte man 499,5 cm^3 Hubvolumen. Eine neue Nockenwelle aus Stahl (bisher Grauguß) mit geänderten Steuerzeiten und ein Weber-Vergaser 26 IM B 2 er-

Ab Herbst 1957 erhielt der ärmliche Nuova 500 der ersten Bauserie die Bezeichnung »Economica«, während die Version »Normale« durch Änderungen an Mechanik und Ausstattung aufgewertet wurde.

Der Nuova 500 Normale. Wie beim Economica auch, ist seine Motorleistung auf 15 PS (11 kW) angehoben, und seine Karosserie weist nun eine Anzahl Verbesserungen auf. Sein Preis bleibt mit 490.000 Lire unverändert, der des Economica ist auf 465.000 Lire reduziert. In einer in der Automobilgeschichte wohl einmaligen Aktion wird den Käufern der Erstserienautos von Fiat eine Entschädigung in Höhe von 25.000 Lire gezahlt.

Die Neuerungen am 500 Normale im einzelnen: blanke Radkappen und Zierleisten an Schweller und Gürtellinie, vorspringende Chromringe an den Scheinwerfern, versenkbare Fenster in den Türen und die sehr knappe, dünn gepolsterte Rücksitzbank. Nicht auf den Fotos: der blanke Aluminium-Schriftzug auf dem Motorraumdeckel. Werbefotos neigen zwar immer zur Verherrlichung der Produkte, doch das Kind mit der Puppe auf dem Rücksitz zeigt nur zu deutlich, daß es sich auch jetzt beim 500 nur um einen Zweisitzer handelt, auf dessen Notsitzen allenfalls zwei Kinder Platz finden.

laubten eine Leistungssssteigerung auf 21,5 PS (16 kW). Dazu trugen auch die Brennraumänderungen (Form und Höhe) und die Anhebung der Verdichtung auf 8,6:1 bei, ferner neue Ventilfedern und größere Ventile, Kolben mit profiliertem Boden, polierte Saug- und Abgaskanäle und das (infolge einer größeren Riemenscheibe) langsamer laufende Kühlgebläse, das weniger Leistung verbrauchte. Eine »schnellere« Achsübersetzung mit 8/39 Zähnen (statt 8/41, die aber lieferbar blieb) hob schließlich die Spitze auf 105 bis 110 km/h an.

Das Wesen einiger der genannten Änderungen läßt erkennen, mit welch großer Sorgfalt der 500 Sport erstellt wurde, und zwar nach weit eher handwerklichen Gesichtspunkten und Methoden als nach Regeln industrieller Großserienfertigung. Und das verursachte natürlich auch entsprechend höhere Herstellkosten.

Der Listenpreis des Sport von 560.000 Lire war zweifellos hoch; die Differenz zwischen Basis- und Sportmodell (mit Stahldach) in Höhe von 130.000 Lire wäre – auf den heutigen Wert der italienischen Währung übertragen – etwa zwei Millionen Lire oder knapp 2000 Mark gewesen, eine Menge Geld, die aber dem Hersteller heute vermutlich kaum ausreichen würde, um die Mehrkosten dieser Version voll abzudecken. Dennoch – der Gewinn an Image war gewaltig.

Die motorsportlichen Erfolge ließen nicht lange auf sich warten, so z. B. der phantastische Vierfachsieg der Winzlinge beim ersten Kleinwagen-Grand-Prix am 26. Mai 1958 auf dem Hockenheimring. Die Verfasser des Reglements hatten allem Anschein nach die deutschen Teilnehmer begünstigen wollen, indem sie das Rennen auf Fahrzeuge bis 600 cm^3 begrenzten, so daß der gefürchtete Fiat 600 mit seinen 633 cm^3 nicht teilnehmen konnte. Doch die herbe Überraschung brachte sein Vertreter, der 500 Sport.

Aufgeteilt in drei Hubraumklassen von 300, 500 und 600 cm^3 starteten um sechs Uhr früh 32 kleine Fahrzeuge. Es waren zum größten Teil Werkswagen oder werksseitig unterstützte Teilnehmer: aus Deutschland Lloyd, NSU, BMW, Goggomobil,

Links: Ein Steilwandfahrer mit dem Nuova 500 in einem Vergnügungspark. Der Fiat-Schriftzug auf dem vorderen Deckel läßt vermuten, daß die Turiner Firma die Show in irgendeiner Weise unterstützt.

Rechts: Außer dem hübschen Mannequin am Lenkrad des Nuova 500 Normale sind hier die beiden neuen Lenksäulenschalter zu sehen, der eine für Blinker, der andere zum Auf- und Abblenden. Zuvor wurden die Blinker mit einem durchsichtigen Schalter am Instrumentenbrett betätigt, und für das Wechseln von Fern- auf Abblendlicht diente das Bosch-Zündschloß.

Unten: Ein 500 Normale kommt aus dem Tunnel – Sinnbild für das erhoffte Ende der Durststrecke des kleinen Fiat. In Wirklichkeit kam aber der volle Erfolg erst mit dem D-Modell.

Oben: Obschon der Nuova 500 Sport als Sondermodell in Kleinstserie gefertigt wurde, erschien er zu Recht in Fiats offizieller Modellpalette. Im Foto links vorn der 500 »Sport t.a.«, die Version mit gekürztem Sonnendach, umgeben von den übrigen 1959er Modellen.

Unten links: Der Nuova 500 Sport ist heute das gesuchteste Modell der Baureihe. Die Fotos dieser Seite zeigen die Besonderheiten des Stylings. Das durchgehende Ganzstahldach hat drei Längssicken zur Versteifung; an den Seiten sind anstelle von Chromleisten an der Gürtellinie rote Zierstreifen angebracht, und diese Farbe wiederholt sich an den Felgen. Beim »Sport« ist zum erstenmal der Hubraum vergrößert – von 479 auf 499,5 cm^3; sorgfältig hergerichtet erbrachte er ausgezeichnete Fahrleistungen, und rennmäßig vorbereitet sogar aufsehenerregende Resultate. Auch auf der Straße erwies sich seine deutliche Überlegenheit gegenüber dem Normale. Einziger Nachteil damals war der hohe Preis.

Unten rechts: Diese von Fiat herausgegebene Aufnahme vermittelt etwas vom motorsportlichen Flair des kleinen 500 Sport, den selbst Rennfahrer-Asse vom Schlage eines Gigi Villoresi fuhren. Die Rennen, für die das Modell konzipiert war, brachten ihm reichlichen Lorbeer ein und hoben das Image des Fiat 500 ebenso wie den Ruf seines Herstellers.

Maico und Zündapp; aus England Meadows Frisky und Berkley; aus Frankreich Citroën 2 CV; aus Italien Fiat 500 Sport und Fiat Abarth 500.

Trainingsschnellste waren die BMW, Lloyd und NSU mit mehr oder weniger gleichen Rundenzeiten. Das Fiat-Team traf wegen der italienischen Parlamentswahlen verspätet ein, doch Gigi Villoresi schaffte in der letzten Trainingsstunde die beste absolute Rundenzeit.

Im Rennen selbst kämpften die Fiat 500 Sport alle Konkurrenten in ihrer Klasse nieder und belegten schließlich die ersten vier Plätze im Gesamtklassement – eine Demonstration der Überlegenheit, die sich dann auch vorteilhaft auf den Absatz des kleinen Fiat auswirken und ihm zu einer brillanten, wenn auch kurzen sportlichen Karriere verhelfen sollte.

Das beachtliche Echo auf den Sieg der 500er in Deutschland erlaubte den italienischen Rennveranstaltern, die für Fiat günstige Kategorie »bis 500 cm³« neu zu gestalten. In den ersten Rennen dieser Formel waren daher die 500 Sport und Abarth 500 die großen Favoriten unter den Zweizylindern:

Sportgeräte, die sich in Zukunft als ideales Sprungbrett für junge Nachwuchsfahrer erweisen sollten. Auch abseits der Rennpisten überzeugte der 500 Sport als interessantes, kleines Auto, das wegen seines Temperaments auf normalen Straßen viele Freunde gewann. Vergleichstests bewiesen seine hervorragenden Fahrleistungen und bestätigten seltsamerweise eine bei einer Sportversion kaum vermutete Eigenschaft: einen niedrigeren Geräuschpegel im Innenraum; denn das geschlossene Dach aus Stahlblech dämpfte die Dröhngeräusche.

Der Nuova 500 Sport t.a. vom Herbst 1960 entsprach mit seiner neuen Beleuchtungsanordnung vorn der geänderten italienischen »StVZO«.
Die bis dahin rotlackierten Felgen wurden grau-metallic wie die der übrigen 500er auch. Was blieb, war der breite rote Gürtel, typisch für die Sportversion, der freilich ganz strenggenommen weiß mit dichten roten Streifen war. Auf den Erfahrungen mit dem Triebwerk 110.004 baute die Entwicklung des D-Modells auf, das mit seinen ebenfalls 499,5 cm³ den 500 Sport endgültig verdrängte, ohne selbst irgendwelche motorsportlichen Ambitionen zu haben.

Eine Verschönerungskur

Der Zwerg schaut über die Grenze

Im Nachhinein betrachtet, kann man mit Recht sagen, der Nuova 500 sei eine Frühgeburt gewesen. Tatsächlich mußte er sich in seinen ersten Lebensjahren einer ständigen Weiterentwicklung unterziehen, mußte Schritt für Schritt verbessert werden, bis er allmählich seine volle Reife erreichte. Einige Änderungen betrafen die mechanischen Bauteile, andere waren eindeutig von Verkaufsargumenten bestimmt und sollten das Auto auf einem Markt etablieren, der sich als besonders schwierig erwiesen hatte, weil er sich selbst noch in schrittweiser Entwicklung befand. Die Verbesserungen vom Oktober 1958 bezogen sich auf mechanische Bauteile – Lenkung und Luftfilter –, während die im November eingeführten nur die Ausstattung den Käuferwünschen anpassen sollten. Dabei zielte man besonders auf diejenigen Interessenten ab, die es zum erstenmal auf vier Rädern versuchen wollten. Zu dieser Zeit zählte man in Italien 1.237.622 Autos. Die Gesamtproduktion aller Marken und Modelle betrug etwa 400.000 Stück; das war eine Zunahme gegenüber dem Vorjahr um 21,6%. Der Export war in der gleichen Zeit noch weit stärker angestiegen, nämlich um beachtliche 48,8%. Einige 500er mit schweren, »gehörnten« Stoßfängern und seltsam aufgepeppten Scheinwerfern, die wie Froschaugen wirkten, gingen geradeswegs über den Atlantik. In den USA aber blieben diese Zwerge ein belächeltes Kuriosum, das die Absicht, sich einen eigenen Markt zu erobern, nicht erfüllen konnte.

Links: Ein speziell für den USA-Export ausgerüsteter Nuova 500 trasformabile. Die wesentlichen Unterschiede zum Inlandsmodell bestehen in den vergrößerten, aufgesetzten Scheinwerfern und den kräftig verstärkten Stoßfängern mit Hörnern. Die runden vorderen Blink-/Positionslampen erhielten anschließend alle 1960er Modelle.

Rechts: Beim Nuova 500 tetto apribile (t.a., ab März 1959) läßt sich nur noch die vordere Hälfte des Daches öffnen. Dieses verkürzte Sonnendach verbessert im Verein mit anderen Maßnahmen die Kopffreiheit für die Benutzer der Notsitze. Man beachte auch die hellen Felgen, die bis zum November 1959 cremefarben lackiert waren.

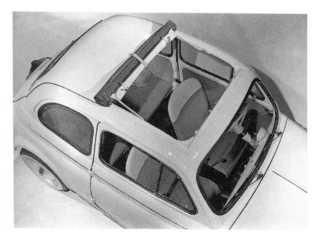

Die vier Aufnahmen dieser Seite zeigen Einzelheiten der Karosserie des Nuova 500 t.a. vom März 1959. Der hintere Teil des Daches (Stahlblech) ist mit Schrauben an der Karosserie befestigt; das Segeltuchverdeck wird an einfacheren Streben geführt und vorn mit zwei metallenen Sperrhaken verriegelt. Im Foto unten erkennt man die ringförmigen Teile der Lenksäulenschalter, die ab 1959 schwarz lackiert sind.

Ernsthafter reagierten dagegen andere Märkte. Es war die Zeit, in der sich Fiat in Europa umsah, und sein erster Schritt in diese Szene lief auf eine Preisanpassung hinaus: Der Economica kostete fortan 390.000 statt 465.000, der Normale 430.000 statt 490.000 Lire. Für die drei Millionen Motorrollerfahrer im Lande rückte damit ein ersehntes vierrädriges Ziel näher – ungeachtet der damals wie heute einseitigen, schikanösen Besteuerung der italienischen Autofahrer.

Genf 1959: fast schon ein Viersitzer

Im März 1959 zeigte sich Fiat mehr denn je gewappnet für das internationale Stelldichein auf dem Genfer Salon. Mit einer absoluten Neuheit, der Sechszylinder-Limousine 1800/2100, wollte der größte italienische Hersteller den Konkurrenten in der oberen Mittelklasse den Kampf ansagen. Die Schlachtreihe zum europaweiten Angriff vervollständigten eine aktualisierte und verbesserte

Das Instrumentenbrett des Nuova 500 t.a. vom März 1959. In der Mitte liegen drei Schalter, die Blinkerkontrolle und das Zündschloß. Darunter erkennt man die Luftführungsrohre und das tiefe, breite Ablagefach.

Die Bodengruppe des 500 t.a. erhielt zwei Vertiefungen für die Füße der Passagiere auf den Notsitzen. Vor der Handbremse die etwas primitiven Hebel für Choke- und Anlasserzüge. Am Fahrwerk gab es für den t.a. nur eine verstärkte Radaufhängung.

1100/1200er Baureihe, ein leistungsgesteigerter 600 und vor allem eine Neuausgabe des Nuova 500. Bei diesem ging es darum, die lange beklagte Platznot zu mildern, d. h. eine bessere Nutzung der hinteren Sitzplätze zu ermöglichen. Die Änderung, durch die aus der »Kinderbank« zwei Notsitze für Erwachsene wurden, bestand in zwei Vertiefungen für die Füße im hinteren Teil der Bodengruppe und in einer Anhebung des Dachs, die einige Zentimeter mehr Kopfraum brachte. Das geschah durch Einsetzen eines geänderten Dach-Preßteils, das unter der Rückscheibe begann und bis zur Wagenmitte reichte. Das ursprünglich die ganze Dachlänge abdeckende Sonnendach aber wurde auf etwa die Hälfte verkürzt. Die neue Dachlösung hatte außer der erhöhten Kopffreiheit den Vorteil, daß das lästige Verwittern der Kunststoff-Heckscheibe im bisherigen großen Stoffverdeck nun wegfiel. Eine letzte Änderung, die gleichzeitig mit dem kurzen Sonnendach eingeführt wurde, waren zwei kleine, bananenförmige Kopfpolster links und rechts am Dachhimmel, die das seitliche Anstoßen an den nun nicht mehr nachgiebigen Dachkanten mildern sollten.

Was die Mechanik betraf, war nur die Hinterachse wegen der höheren Zuladung verstärkt worden, während alles andere, einschließlich des Preises, praktisch unverändert blieb. Auch nach der Vorstellung der Version mit dem gekürzten Verdeck (»tetto apribile« oder t.a.) blieb die Ausführung mit dem ursprünglichen, großen Stoffverdeck weiterhin lieferbar, nannte sich jetzt aber »trasformabile« (verwandelbar).

Die Version Normale verschwand zugunsten des 500 t.a. aus dem Programm, und für kurze Zeit gab es noch ein Einheitsmodell, das den Namen Economica aber nicht länger führte, obwohl es die festen Seitenscheiben und die übrigen Merkmale der alten, spartanischen Standardausführung beibehielt.

Im Herbst 1959 erhöhte Fiat die Leistung aller 500er Versionen nochmals, und zwar auf 16,5 PS

(12 kW). Die nach dem anfänglichen Mißtrauen allmählich aufhorchende Öffentlichkeit begann mit der Version 500 t.a. die großen Vorzüge des kleinen Wagens zu erkennen: seine Wendigkeit im Stadtverkehr; die Möglichkeit, die ganze Familie zu transportieren; seinen Weltrekord in puncto Sparsamkeit. Und so kam es, daß der Nuova 500 nach zwei Produktionsjahren mit andauernden Verbesserungen, die unter anderem (gegenüber den anfänglichen 13,5 PS/10 kW) eine Leistungserhöhung um 22 % einschlossen, endlich steigende Verkaufszahlen zu verzeichnen hatte. Und nun bewirkte dieser Aufwärtstrend, daß es die größte Sorge der Fiat-Bosse wurde, die Produktion der Nachfrage entsprechend anzukurbeln. Tatsächlich nahm diese Aufgabe die Arbeitskraft der Techniker so in Anspruch, daß ein Jahr lang nichts Neues mehr am 500 zu sehen war – abgesehen von einer Änderung an der Beleuchtung, die aber vom Gesetzgeber ab 1960 zwingend vorgeschrieben wurde. Sie bestand darin, daß man je eine runde Leuchte mit Alugehäuse unter den Scheinwerfern anbrachte, in der Blinker und Standlicht kombiniert waren, während kleinere runde, orangefarbene Positionslichter an die Stelle der bisherigen länglichen Leuchten an den Vorderkotflügeln traten. Da statt der Schlitze unter den Scheinwerfern jetzt die Leuchten montiert waren, mußte auch die Belüftung des Innenraums neu überarbeitet werden. Am Heck erhielt das Auto übrigens die Rückleuchten vom 600er.

Der Oktober 1960 bringt das D-Modell

An der Schwelle der 60er Jahre zeichnete sich in Italien ein wirtschaftlicher Boom ab. Die Leute hatten mehr Geld, und die erhöhte Kaufkraft ließ den Wunsch nach qualitativ hochwertigeren Gütern aufkommen. Fiat reagierte auf diese Situation mit der Aufwertung des 600 in bezug auf Hubraum und Preis. Die Maßnahme erwies sich als erfolgreich, und bald machte man ähnliches auch mit dem 500. Die Hubraumanhebung beim Nuova 500 lieferte den Turinern einen idealen Vorwand für eine Preissteigerung um 15.000 Lire sowie für die Namensänderung in »Fiat Nuova 500 D«.

Im Oktober 1960 präsentierte Fiat den 500 D. Er besitzt den um 1 PS (0,74 kW) stärkeren Motor mit jetzt 499,5 cm³ Hubraum. Andere, ebenso bescheidene Neuerungen betreffen die Übernahme des Tanks vom 600, die – wie die vorklappbare Lehne der Rücksitzbank – mehr Platz für Gepäck schaffen soll. Wenngleich das alles sicher nicht die Welt war, genügten die Änderungen, um den 500 D bei der Kundschaft sehr viel beliebter zu machen. Von diesem Zeitpunkt an erlebte das Auto, nunmehr voll ausgereift und akzeptiert, einen steilen Anstieg der Verkaufszahlen, die in den achtzehn Produktionsjahren des Fiat 500 insgesamt fast fünf Millionen Stück erreichten.

Oben: Der vordere Kofferraum des 500 D wird durch den Tank vom 600er nicht allzuviel geräumiger. Ganz links im Bild die Sackleinentasche mit dem Werkzeug, ganz rechts der Behälter für Bremsflüssigkeit.

Rechts: Der immer noch knappe Stauraum vergrößert sich, wenn man die Rücksitzlehne herunterklappt. Das kleine Auto wird dadurch vielseitiger verwendbar.

Rückansicht mit dem Schriftzug auf dem Motordeckel. Diese Beschriftung fehlte beim 500 der ersten Serie ganz und änderte sich beim Erscheinen des 500 Lusso.

Was sich sonst noch änderte, ist schnell gesagt: Die Übernahme des Benzintanks vom 600 sorgte für etwas mehr Stauplatz im vorderen, die Einführung einer vorklappbaren Rücksitzlehne für zusätzlichen Gepäckraum im hinteren Teil des Wagens. Hinzu kam eine neue Ausführung der beiden Handhebel für Anlasser- und Chokezug auf dem Mitteltunnel (aus Blech mit Plastikknöpfen statt bisher Gußteile). An der Mechanik änderte sich vor allem der Hubraum des Motors mit der neuen Bezeichnung 110 D.000. Der Zweizylinder erhielt die Abmessungen der Version Sport (deren Produktion mittlerweile ausgelaufen war) und verfügte jetzt über 499,5 cm^3 Hubvolumen.

Der Motor des 500 D brachte zwar nur ein PS (0,74 kW) mehr auf die Bremse, glänzte dafür aber mit verbesserten, zivileren Laufeigenschaften.

Der »trasformabile« blieb weiterhin unverändert im Programm, doch sein Ende war jetzt abzusehen. Obgleich die Neuerungen des D-Modells relativ wenig Substanz aufwiesen, wurde es allgemein begei-

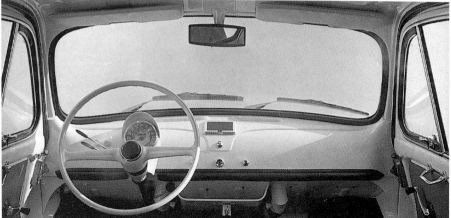

stert aufgenommen. In dieser Neuausgabe schien der 500 plötzlich ein anderes Auto geworden zu sein – zu guter Letzt war aus ihm doch noch der Kleinwagen geworden, den ganz Italien erwartet hatte. Das D-Modell wirkte wie das I-Tüpfelchen auf die schon befriedigende viersitzige Version von 1959; es konnte nicht nur vier Personen hinreichend komfortabel transportieren, sein kräftiger Motor sorgte auch für Fahrleistungen, die der erhöhten Zuladung entsprachen.

Abgesehen davon erschien die aktualisierte Version in einem für die Wirtschaft Italiens außerordentlich günstigen Augenblick. Schon seit 1958 hatte die Zahl der in der Industrie Beschäftigten diejenige der landwirtschaftlichen Arbeitskräfte übertroffen. Innerhalb weniger Jahre hatte die innovative Strömung, die Kultur und Gesellschaft des Landes durchzog, einen neuen Bedarf an Konsumgütern geweckt, unter denen das Auto die herausragende Rolle spielte.

Es war die Zeit, in der Unterschiede und Abstände zusammenschmolzen: zwischen der Mitte und dem Süden Italiens, zwischen Stadt und Land, zwischen Arbeitern und Angestellten.

Während für große Bevölkerungsteile die Mobilität außerordentlich wichtig wurde, verlor das Auto mehr und mehr den Nimbus eines Luxusartikels, um

Oben rechts: Das Cockpit des 500 D enthält jetzt Neuerungen, die der passiven Sicherheit zugutekommen. So wurde die Unterkante des Istrumentenbretts mit einer Gummileiste als Knieschutz versehen, und die beiden Sonnenblenden sind gepolstert.

Oben links: Die junge Dame auf dem Werbefoto zeigt uns die entschärfte Sonnenblende. Mit der Leistungssteigerung und den oben erkennbaren und noch diversen anderen Detailänderungen (Ascher, vergrößerter Innenspiegel, Scheibenwascher etc.) bahnte sich endlich der durchgreifende Erfolg des Nuova 500 an, an dem es bei den ersten Bauserien gefehlt hatte.

Unten: Neben den Wischerarmen sehen wir die Düsen der Scheibenwaschanlage, ein Zubehör, das von der Kundschaft trotz der eher primitiven Pumpenbetätigung spontan begrüßt wurde.

schließlich zum unentbehrlichen Begleiter für Arbeit und Freizeit zu werden.

Von 1960 bis 1964 stieg die Jahresproduktion des Fiat 500 von etwa 60.000 auf 160.000 Einheiten, und für 1965 plante man über 200.000 Stück ein. Die wesentlichsten Detailänderungen am 500 D stellte das Werk anläßlich des Turiner Salons 1961 vor: gepolsterte Sonnenblenden; geänderte Hebel auf dem Mitteltunnel; eine schwarze Gummileiste als Knieschutz und ein Ascher am Instrumentenbrett; die Scheibenwaschanlage mit einer einfachen Pumpe; ein größerer Innenspiegel; Türkontaktschalter für das Einschalten der Innenleuchte am Spiegel. Und obgleich auch dies alles keine revolutionären Verbesserungen waren, merkte die Kundschaft doch zum erstenmal, daß ihre Sicherheit und ihr Fahrkomfort dem Hersteller am Herzen lagen. Zwar würde die Gummieinfassung unten am Instrumentenbrett die Knie nur bei sehr leichtem Anstoßen schützen können, doch stellte sie zusammen mit den gepolsterten Blenden die ersten Bemühungen dar, auch im Kleinwagen die innere Sicherheit voranzutreiben. Im Jahre 1964 erhielt der 500 D dann noch selbstrückstellende Scheibenwischer, eine Einrichtung, die die Wischerarme nach dem Ausschalten bis in ihre Ruhelage weiterlaufen läßt.

Die wahrlich sehr spärlichen Neuerungen, die man dem 500 D in diesen Jahren gönnte, hätten vermuten lassen, daß Fiat die Politik der stetigen Stückzahlerhöhung ohne durchgreifende Modelländerungen noch über längere Zeit fortsetzen würde. Doch die Beachtung neuer Sicherheits- und Abgasvorschriften machten schneller als erwartet die Entwicklung des F-Modells erforderlich, das dann auch Mitte 1965 erschien.

Der Kombi von 1960: Keine Tränen mehr um den Belvedere

Als 1950 die Produktion des Topolino »Belvedere« auslief, waren viele Leute traurig, vornehmlich Handwerker, kleine Gewerbetreibende und alle die, die den Mini-Kombi sowohl für den Beruf wie fürs Hobby benutzt hatten. Der 600 Multipla konnte die Lücke, die sein kleinerer Vorgänger hinterlassen hatte, nicht füllen; er war zu häßlich, um als »ziviles« Auto anerkannt zu werden, und seine Motoranordnung erlaubte keine Ladetür am Heck.

Die Aggregatanordnung stellte auch für den Nuova 500 das größte Hindernis dar. Ab 1958 sah man zuerst einige merkwürdige 500er-Prototypen herumfahren mit verlängerter, höherer Karosserie und großen seitlichen Türen. Fast wäre daraus ein ebenso häßlicher 500er Geschäftswagen geworden wie es der 600er Multipla war, doch im Jahr 1959 kamen die Konstrukteure auf die geniale Idee, den Zweizylinder nach rechts umzukippen und damit das Platzproblem zu lösen. Der 500 Giardiniera (d.h. Kombi) mit dem »Unterflurmotor« wurde ab Anfang 1959 ausgiebig getestet und im Frühjahr 1960 vorgestellt, gleichzeitig übrigens mit der »Deluxe«-Version der Firma Autobianchi, dem Bianchina Panoramica.

Der neue liegende Zweizylindermotor hatte bald seinen Namen weg: »Seezunge« nannten ihn die Fans, weil er so flach und kompakt geraten war. Die niedrige Bauhöhe erlaubte denn auch den Konstrukteu-

Einige Monate vor dem 500 D stellte Fiat die Kombiversion des 500 vor. Die Bauhöhe der 500er und 600er Heckmotoren hatte es bis dahin nicht erlaubt, aus dem kleinen Wagen einen geräumigen Kombi zu entwickeln, der den »Belvedere« hätte ersetzen können. Erst die Idee eines Konstrukteurs, den Zweizylinder in einen liegenden »Unterflurmotor« zu verwandeln, ermöglichte eine ausreichend niedrige Ladefläche. Obschon in erster Linie als Geschäftswagen konzipiert, war der 500 Kombi auch als Ferien- und Freizeitauto ausgesprochen erfolgreich. Auch die offiziellen Werbefotos zielen eher in diese Richtung.

Auf dem Foto ist die niedrige Ladehöhe des Kombiwagens gut zu erkennen, die erst durch den auf die rechte Seite gelegten »Unterflurmotor« ermöglicht wurde.

Der 500 Giardiniera in einer Studioaufnahme. Der Außenspiegel war damals schon für Kombiwagen vorgeschrieben, d. h. für Fahrzeuge, die sowohl Personen als auch Lasten befördern können. Form und Befestigungsweise des Rückspiegels zählten zu den wenigen Änderungen, die während der fünf Jahre im Fiat-Programm durchgeführt wurden; ab 1965 bot nur noch Autobianchi den Kombi an.

ren, eine große hintere Ladetür und eine recht niedrige, durchgehend ebene Ladefläche vorzusehen. Die für den Kombi entwickelte Hecktür reicht ein Stück weit ins Dach hinein, so daß man auch sperrige Gegenstände leicht einladen kann.

Trotz des darunter liegenden Motors befindet sich die Ladefläche nur 600 mm über dem Boden – eine handliche Höhe für das Be- und Entladen – und kann durch Vorklappen der hinteren Sitzbank vergrößert werden. Bei den ersten Bauserien des Kombi war diese freilich so dick gepolstert, daß ihr Rücken beim Vorklappen keine glatte Ladefläche bildete. Nach und nach aber wurde dieser Mangel beseitigt, indem man einfach die Lehne dünner polsterte.

Der Motor befindet sich unmittelbar hinter den Rücksitzen, also praktisch im Innenraum, getrennt von diesem lediglich durch einen abnehmbaren Blechdeckel, der bei Reparatur- und Wartungsarbeiten Zugang zum Antriebsaggregat bietet. Er ist mit Isoliermaterial beklebt und so sorgfältig ausgeführt, daß das Motorgeräusch nicht lauter ist als das Windgeräusch bei offenem Schiebedach.

Die Luftzirkulation im engen Motorraum ist für den luftgekühlten Zweizylinder besonders wichtig. Deshalb führen zu beiden Seiten geschickt in der Blechverkleidung der hinteren Säulen verborgene Schächte hinauf zu zwei seitlichen Belüftungsöffnungen. Diese werden von je einem eleganten, mit Chrom verzierten Grill verdeckt und wirken sehr dekorativ, da sie sich der Form der hinteren Seitenfenster anpassen und das Bild des oberen Teils der Seitenwand auflockern.

Die hinteren Seitenscheiben sind größer als die des

Nuova 500 und als Schiebefenster ausgeführt, durch die die Belüftung des Innenraums wesentlich verbessert wird. Auch das Stoffverdeck ist größer als das (seit 1959 gekürzte) Schiebedach der Limousine und sorgt an heißen Tagen für viel frische Luft.

Für den Winter wurde auch die Heizung verbessert; am Tunnel befinden sich zwei zusätzliche Warmluftdüsen für die Hintensitzenden. Diese Detailänderungen, dazu die größeren Reifenabmessungen, modifizierte Radaufhängungen und ein wesentlich größerer Innenraum, sorgten dafür, daß der 500 Kombi mehr Komfort bietet als der entsprechende 500 t.a. Er fand gute Aufnahme nicht nur bei Kunden, die ihn für berufliche Zwecke brauchten, sondern auch bei denen, die ihrer Familie die Enge der Normalversion nicht länger zumuten wollten.

Der 500 Giardiniera ist 210 mm länger und hat einen um 100 mm größeren Radstand als der 500 t.a.; er wiegt fahrfertig 555 kg. Seine Zuladung beträgt 250 kg plus Fahrer. Das alles machte eine Verstärkung von Fahrwerk und Bremsen sowie größere Reifen notwendig. Die Felgen haben die gleichen Abmessungen und das gleiche Lochbild wie die des 600, und die vergrößerten Bremsen passen sich ihnen perfekt an.

Die Leistung des »Seezungen-Motors« mit seinen 499,5 cm^3 ist höher als die aller anderen Fiat-500-Motoren. In Wirklichkeit sollte man nämlich nicht von Änderungen, sondern von einer kompletten Überarbeitung der Konstruktion auf der Grundlage der bis dahin gewonnenen Erfahrungen sprechen. Das bestätigt auch die geänderte Projektnummer, die statt 110.000 jetzt 120.000 lautet, und ganz offenkundig wird es bei Betrachtung der Ausführung von Vergaser, Auspuff, Zündsystem, elastischer Aggregatlagerung sowie der Luftführungen (bevor die Luft auf die Zylinder trifft, kühlt sie zunächst die Ölwanne). Noch überzeugender wäre eine Probefahrt: Der Motor des Kombiwagens ist lebendiger, elastischer, nimmt williger das Gas an und hat einen angeneh-

Auch die in wechselnder Umgebung aufgenommenen Werbefotos auf dieser Seite sollen die Vielseitigkeit der Kombiversion Giardiniera verdeutlichen. Nach damals geltenden Vorschriften zahlten in Italien Privatleute dafür keine Steuer, mußten aber ein »E« am Auto anbringen (esente = befreit).

Unten: Obschon hier viele Details von den Kindern verdeckt sind, erkennt man die neue Form des Außenspiegels und seine geänderte Halterung mit drei Schrauben an der A-Säule.

Eine der winzigen Änderungen am 500 Kombi waren die gegenüber dem Vormodell weniger bombierten Radzierkappen, die im Herbst 1964 erschienen. Es handelt sich dabei um die Kappen des 1964 vorgestellten Fiat 850.

meren und sportlicheren Sound als der des 500 t.a. Wir stellten auch fest, daß die vom Aggregat auf die Karosserie übertragenen Schwingungen im Vergleich zur Limousine deutlich besser gedämpft waren. Alles in allem haben die Techniker bei der Überarbeitung des Motors sehr gute Arbeit geleistet, denn die aus Platzgründen notwendigen Änderungen an Ansaug- und Abgasanlage haben deutliche Verbesserungen der Gasströmung gebracht. Nach der nicht ganz objektiven SAE-Meßmethode leistet der so modifizierte Zweizylinder 21,5 PS (etwa 16 kW), genug, um dem kleinen »Station Wagon« soviel Schwung mitzugeben, daß er dem 500 t.a. auf der Straße – wenn auch nur geringfügig – überlegen ist. Und zwar auch, weil er durch seinen längeren Radstand, seinen etwas geringeren Luftwiderstand (infolge größerer Gesamtlänge) und seinen niedrigeren Schwerpunkt stabiler auf der Straße liegt. Während seiner Produktionsdauer erlebte der 500 Giardiniera nur minimale Verbesserungen, und auch die »falsch«, d.h. hinten angeschlagenen Türen wurden bis zum Jahre 1977, als die Fertigung auslief (die letzten rund zehn Jahre bei Autobianchi), nie geändert. In zeitlicher Reihenfolge gab es für den 500 Kombi folgende Neuerungen: Scheibenwaschanlage; gekürzte Zierleiste am Schweller; geänderte Ausstellfenster-Verriegelung; Anbringung des Außenspiegels mit drei Schrauben an der A-Säule; weniger bombierte Radzierkappen (vom letzten 600 D); ein-

Der 500 Giardiniera, einmal mit geschlossener, einmal mit geöffneter Motorabdeckung. Auch im geschlossenen Zustand kann man den Ölstand mit Hilfe eines Peilstabs prüfen, der sich unter einem kleinen, separaten Deckel befindet. Mit der nach vorn geklappten Rücksitzlehne ergibt sich eine nahezu rechteckige, ebene Ladefläche, die dank der bis ins Dach reichenden, großen Hecktür besonders gut nutzbar ist. Bei den ersten Exemplaren des Baujahrs war der Boden nach dem Vorklappen der Lehne nicht genügend eben; erst als man die Polsterung der Lehne dünner machte, ergab das eine glatte Ladefläche.

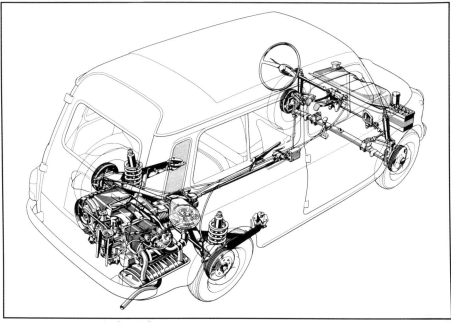

teilige hintere Seitenfenster (statt Schiebe- jetzt Drehbeschläge); schwarzer Kunststoffgrill vor den seitlichen Lufteintritten (statt Metall verchromt); schwarzes statt beigefarbenes Instrumentenbrett; Autobianchi-Emblem (statt Fiat-Minigrill vorn). Die meisten dieser Modifikationen datieren aus den Jahren, da der Kombi bei Autobianchi im Werk Desio produziert wurde.

Der Motor des Giardiniera eignete sich gut zum Tuning, und dank seiner tiefen Einbaulage, die für einen niedrigen Schwerpunkt sorgt, zog man ihn dem normalen 500er-Aggregat vor, als ein Monoposto für die Nachwuchs-Formel Baby Junior gebaut wurde, in der sich viele junge Fahrer ihre ersten Sporen verdienten.

Der flache Motoreinbau à la »Seezunge« wurde – allerdings in Verbindung mit Wasserkühlung – von Fiat später für den 126 Bis (Polski Fiat) verwendet. Und erst kürzlich, 1992, tauchte er dann im »Cinquecento« wieder auf.

Der Motor des Kombi, weiterentwickelt zum wassergekühlten Antrieb des Fiat »Cinquecento« mit rund 700 cm^3 Hubraum und 31 PS (23 kW) Leistung, ist damit zum langlebigsten Mitglied der gesamten Familie der Zweizylinder für Fiats bewährte 500er geworden.

Rechts: Aus der Grafik geht hervor, daß der Vorderwagen des Kombi praktisch unverändert – mit Ausnahme der Räder und Reifen – vom 500 t.a. übernommen wurde. Im Hinterwagen konzentrieren sich die Änderungen auf Motor, Radaufhängungen und Kühlluftführung.

Links: Das Antriebsaggregat ist dank seiner nach rechts gekippten, liegenden Zylinder ungewöhnlich kompakt, wodurch die Gasströmung im Saug- und Abgastrakt günstiger gestaltet werden konnte. Dadurch gelang es, aus dem Motor mehr Leistung herauszuholen, so daß er zu den stärksten Fiat-Zweizylindern gehört. Er wurde deshalb auch im Monoposto Baby Junior eingesetzt.

Großartige Erfolge und ein Abgang in aller Stille

1965: Beim F öffnen die Türen nach hinten

Der Typ F mit vorn angeschlagenen Türen. Rechts dahinter der 600, ebenfalls mit der neuen Türanordnung.

Das auffälligste Merkmal des 500 F waren die nicht mehr hinten, sondern vorn angeschlagenen Türen, die außerdem neue Drucktasten-Außengriffe und verbesserte Schlösser aufwiesen. Der vordere Türanschlag erlaubte nun auch, die

bislang sichtbaren Scharniere unter die Karosseriehaut zu verlegen und dadurch die Seitenflächen glatter und gefälliger zu gestalten.

Doch es blieb natürlich nicht allein bei den nach hinten aufgehenden Türen. Das neue Gesetz, mit dem die in Fahrtrichtung öffnenden Türen endgültig verboten wurden, verursachte eine durchgreifende Umkonstruktion der Karosserie, die viele der Blechteile in Mitleidenschaft zog. Und das unvermeidliche »Umdrehen« der Türen war dann auch eine günstige Gelegenheit, die Preßwerkzeuge, die schon viel hatten leisten müssen, zu erneuern. Werkzeuge, die auch in Zukunft eine Menge Exemplare derselben Karosserie herstellen sollten.

Mit dieser Umstellung erreichte Fiat auch, daß die hintere Dachpartie mit Dachholmen und Scheibenrahmen von nun an in einem statt in drei einzelnen Teilen gefertigt werden konnte (die bisher miteinander verschraubt wurden). Diese Maßnahme erfolgte im Rahmen einer Aktion zur allgemeinen Vereinfachung, die auch eine Reihe anderer Bauteile betraf. Von der Werkzeugerneuerung profitierte auch die Windschutzscheibe, die breiter und höher wurde und mit ihrem vergrößerten Sichtfeld der aktiven Sicherheit diente. Ebenso entfiel nun das bisherige Blechpreßteil für das Handschuhfach, das man durch einen Kunststoffbehälter ersetzte. Im Zuge der konstruktiven Vereinfachung wurden viele der Karosserieteile eingehend untersucht; auch die Verrie-

Die Windschutzscheibe des 500 F ist breiter und höher geworden und bietet ein größeres Sichtfeld. Gleichzeitig erhielten die Scheinwerfer asymmetrische Streuscheiben; die Heckleuchten wurden modernisiert und verbessert. Der Motor blieb praktisch der gleiche, während es am Blechkleid viele Detailänderungen gibt, die man aber von außen kaum sieht. Die bedeutendste Neuerung neben der vergrößerten Frontscheibe ist die Fertigung des hinteren Dachteils in einem statt bisher in drei miteinander verschraubten Preßteilen. Das Finish ist jetzt schlichter, d. h. ohne Zierleisten an vorderem Deckel und Türen.

gelung des Stoffschiebedachs erhielt dabei statt der bisherigen zwei Metallriegel einen zentralen mit Kunststoffgriff. Ähnliche Werkstoffänderungen gab es auch für den Abblendhebel und die Innentürgriffe, wo Aluminium durch Kunststoff ersetzt wurde.

Die Welle der Vereinfachungen traf auch die Kontrolleuchten; die bisherige Leuchtstärkenverstellung durch Drehen am Lampengehäuse entfiel. Ebenfalls am Instrumentenbrett wurde der bisherige »Knieschutz« an der Unterkante dicker und simpler in der Ausführung, und die Schalter waren jetzt in Reihe angeordnet und nicht mehr über die Armaturentafel verstreut.

Schließlich gab es noch einige andere minimale Änderungen im Innenraum, die aber weniger auf Zweckmäßigkeit abzielten als auf eine rationellere Fertigung.

Am Exterieur des neuen 500 F fand man, daß – immer mit Blick auf Vereinfachung und Verbilligung – viele der an sich nutzlosen, blanken Verzierungen entfallen waren: auf dem vorderen Deckel, an den Luftschlitzen unterhalb der Heckscheibe, an den Türen in Höhe der Türgriffe. Die bisher aus zwei Zierleisten und dem Minigrill bestehende metallische Verzierung vorn mußte einer an sich identischen, aber einteiligen Ausführung in Kunststoff weichen.

Überarbeitet wurden auch die Positionslampen vorn und hinten: Beim F ließ man die blanken Sockel weg. Damit ragten die Schlußlichter jetzt weniger weit heraus und wirkten flacher, während die vorderen Positionslichter so billiger herzustellen waren. Die Scheinwerfer behielten ihre Chromringe, hatten jetzt jedoch asymmetrische Streuscheiben.

Die Radkappen sahen aus wie die bisherigen, doch statt aus Aluminium bestanden sie nun aus Stahlblech.

Oben: Diese Darstellung des 500 F wurde aus einer vorhandenen vom 500 D abgeändert und zeigt noch die alte Schalldämpferform.

Unten: Ein Fiat 500 F während des Verbrauchs-Wettbewerbs »Mobil Economy Run« 1966, wo er den ersten Platz belegte.

Blech, die Innentürgriffe aus Leichtmetall sowie einen leicht vortretenden unteren Rand der Luftschlitze unter der Heckscheibe. Vermutlich handelte es sich dabei um Serienteile des Vorgängermodells, die noch aufgebraucht werden mußten.

Was der 500 F dann noch an Änderungen erfuhr, war wahrlich kaum der Rede wert. Zur Hauptsache betrafen sie die Werkstoffe für Ausstattungsdetails, abhängig von den jeweiligen Lieferanten. So wurden die Sitzbezüge und Seitenteile ab 1968 einfarbig ausgeführt, die Kennzeichenleuchte in der Mitte des Motordeckels wechselte von Aluminium in Kunststoff, und einige weitere Details entsprachen nun dem ebenfalls 1968 erschienenen Fiat 500 Lusso.

Luxus auch für den Kleinsten

In einem wahren Triumphzug hatte der kleinste Fiat inzwischen den Markt erobert, hatte von Jahr zu Jahr bessere Ergebnisse eingefahren und dem Turiner Werk sowohl moralisch als auch finanziell neuen Auftrieb gegeben. Das anfängliche kommerzielle Fiasko war nach einiger Zeit in einen anhaltenden Erfolg umgeschlagen, und aus dem 500er war das in Italien am weitesten verbreitete Auto geworden,

In bezug auf die Mechanik erschien der Motor des F-Modells mit einem vergrößerten Luftfilter, doppelten Ventilfedern, einer Abgasrückführung und einer fertigungstechnischen Änderung des Schalldämpfers in Form von zwei Halbschalen anstelle der konventionellen Ausführung als »Konservenbüchse«.

Zu den weiteren Neuerungen des 500 F zählten ein neu geformter Kraftstofftank mit 22 Liter Fassungsvermögen, ein Kupplungsausrücklager mit Wälzkörpern statt eines Graphitrings, verstärkte Achswellen, Gelenke und hintere Längslenker, größere Radbremszylinder vorn, verbesserte Schalldämmung zwischen Motor- und Innenraum und schließlich ein neuer Tacho mit der etwas optimistischen Erweiterung der Skala auf 120 km/h.

Nur wenige kleine Ausstattungsdetails änderten sich während der Produktionszeit des 500 F von 1965 bis 1972. Die ersten Exemplare des neuen Modells hatten noch die Positions- bzw. Blinkleuchten mit dem blanken Aluminiumsockel, das Handschuhfach aus

überall beliebt als sparsamer, praktischer und handlicher Kleinwagen. Im Inland stiegen die jährlichen Zulassungszahlen von 213.367 Einheiten im Jahr 1965, dem Erscheinungsjahr des F-Modells, auf 317.295 im Jahre 1967.

Trotz des offenbaren Erfolgs aber zeigte der Absatz des 500 in den ersten Monaten 1968 nicht mehr die gewohnte ansteigende Tendenz; die Verkaufszahlen schienen sich vielmehr auf einem Niveau einzupendeln, das unter dem des Vorjahrs lag.

Die Reaktion des Herstellers in einer solchen Lage ist

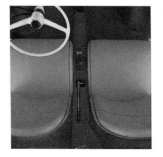

gemeinhin, eine neue Version anzubieten, um die Nachfrage wieder anzukurbeln.

Im Fall des 500 schien ein Wechsel des Standardmodells jedoch unvernünftig, während man es für weit sinnvoller hielt, ihm eine etwas besser ausgestattete Variante zur Seite zu stellen. Damit wollte man versuchen, die anspruchsvolleren Käufer wiederzugewinnen, die sich jetzt auf dem Markt der nächstgrößeren Modelle umsahen, auf dem sich gerade zu dieser Zeit eine Menge aggressiver, qualitativ guter ausländischer Konkurrenz anzusiedeln begann.

Die Retuschen, die dann zum 500 L oder Lusso (Luxus) führten, waren in Wahrheit recht unbedeutend, doch der Erfolg war durchschlagend, hatten doch Jahre gnadenloser Uniformität der Ausstattung die Kundschaft für jede noch so kleine Änderung überaus empfänglich gemacht. Die augenfälligste Neuerung waren die verchromten, rohrförmigen Elemente, welche die vorderen und hinteren Stoßfänger bei kleineren Anstößen schützen sollten. Dieses Accessoir hob vor allem den ästhetischen Wert des kleinen Fahrzeugs und führte im Volksmund zu dem Beinamen »500 coi tubi« (»500 mit Rohren«), mit

Im Lauf seiner sieben Produktionsjahre (1965–72) erlebte der 500 F nur minimale Änderungen, die vornehmlich Werkstoffe und Ausstattung betrafen. Ab 1968 gibt es einfarbige Sitzbezüge; der Ascher hat eine leicht geänderte Form. Auch die Form und Lage der Schalter am Instrumentenbrett ist etwas anders als bisher. Die hintere Kennzeichenleuchte besteht nun aus Kunststoff, und das Fiat-Emblem am Motordeckel entspricht mit seiner Rautenform dem neuen Motiv, das die Turiner Firma bereits bei ihren übrigen Modellen eingeführt hat. Diese Änderungen berücksichtigen im übrigen die notwendige Angleichung an das Modell L (Lusso = Luxus/Deluxe), das ebenfalls 1968 erschien.

Den 500 L erkennt man an seinen Chrombügeln an den Stoßfängern, an blanken Regenleisten und Scheibeneinfassungen, neu gestylten Radkappen und Gürtelreifen.

dem man den »Lusso« vielfach liebevoll titulierte. Die weiteren außen sichtbaren Änderungen bestanden in blanken Zierleisten an den Dachtraufen, an Windschutz- und Heckscheibenrahmen, ferner in umgestalteten Radkappen und grafisch völlig neuem Marken- und Modellsignet. Auch die serienmäßige Montage von Gürtelreifen machte den 500 L attraktiver, sorgte aber vor allem für ein deutlich verbessertes Fahrverhalten.

Im Innenraum fiel das fast sportliche Lenkrad mit Metallspeichen und schwarzem Kranz auf. Das neue Instrumentenbrett war mit schwarzem Kunstleder überzogen und glänzte mit einem großen, etwa rechteckigen Zentralinstrument, das auch eine Benzinuhr enthielt.

Diese Neuerungen wurden allgemein sehr begrüßt, und einige weitere kleine Raffinessen gaben dem Fahrer im 500 Lusso geradezu ein neues Fahrgefühl. Daß die Konstrukteure dem Kundenwunsch nach mehr Fahrkomfort allmählich erhöhte Aufmerksamkeit schenkten, bewiesen Details wie die Bodenteppiche in Mokett, das Ablagefach auf dem Tunnel und die Kartentaschen aus festem Kunststoff im unteren Teil der Türen. Der als steifer Griff ausgeführte obere Rand der Türtaschen eignet sich auch zum Zuziehen der Türen, so daß die bisherigen kleinen Griffe entfallen konnten. Die mit einem neuen, abgesteppten

Kunstlederbezug versehene Vordersitze wurden endlich serienmäßig mit den äußerst wichtigen Klapplehnen ausgestattet.

Daneben gab es noch andere kleine Komfortverbesserungen für den 500-L-Fahrer, so etwa den Ascher, der ein wenig größer war als sein Vorgänger. Die Mechanik blieb dagegen unberührt, auch wenn in einem Anflug von Optimismus die Skala des (vom 850 Normale stammenden) Tachometers nun gar bis 130 km/h reichte.

Die geschickte Mischung verschiedener Neuerungen war dazu angetan, viele Kundenbedürfnisse abzudecken: Lenkrad und Gürtelreifen für die sportlichen Fahrer, eine Menge Zierat für die Freunde von blankem Chrom, Ablagefächer für die Praktiker, Bodenteppiche für die Anspruchsvollen und Klappsitze für alle, die in ihrem Kleinwagen »wohnen« möchten. Zwar mag das Ausstattungspaket des 500 »Deluxe« vielleicht nicht jeden gleichermaßen überzeugt haben; feststehen dürfte jedoch, daß sich viele von den für sie interessanten Details anlocken ließen, und daß der Einbau all dieser Extras ins Standardmodell sicher teurer gewesen wäre.

Eine neue Farbpalette wurde zum 500 L angeboten.

Besonders zu erwähnen sind hier Schwarz und Ockergelb, zwei Farben, die ganz unterschiedliche Käuferschichten ansprechen sollten und erkennen ließen, wie sehr man mit der neuen 500er-Version auf allen Marktsektoren Jagd auf den Kunden machte. Und so wurde das L-Modell auch eines der erfolgreichsten und blieb lange Zeit ohne wesentliche Änderungen im Katalog.

In den letzten Produktionsjahren gab es als Extra ein Lenkradschloß mit integriertem Zündstartschalter; die bisher für das Zündschloß benutzte Öffnung wurde in diesem Fall mit einer Chromplatine abgedeckt.

Die letzte Station: Fiat 500 R

Nach dem Rekordjahr 1970 mit seinen 351.477 in Italien verkauften Einheiten begann sich ein langsamer, aber unabwendbarer Absatzrückgang abzuzeichnen.

Diesmal aber schien es mit ein paar weiteren Zierleisten nicht getan zu sein. Fiat mußte über ein wirk-

Oben: An der hinteren Stoßstange sieht man die beiden rohrförmigen, verchromten Verstärkungen, die hinten und auch seitlich Schutz bieten sollen. Die offenen Türen lassen die Innenverkleidung mit neuem, vertikal gemusterten Bezugsstoff erkennen, außerdem die als Griffe zum Zuziehen der Türen ausgebildeten Seitentaschen aus festem Kunststoff. Aus diesem Grund konnten auch die kleinen Haltegriffe unterhalb der Türscheiben entfallen.

Unten: Diese Nahaufnahme zeigt besonders schön die Form der Radzierkappe aus Edelstahl, den linken Schutzbügel am Stoßfänger und die neue Ausführung des Markenemblems.

lich neues Modell nachdenken, das den inzwischen als unbedingtes Muß von breitesten Käuferschichten geforderten Sicherheitskriterien Rechnung zu tragen hatte. Denn die Öffentlichkeit war in letzter Zeit durch in- und ausländische Pressekampagnen auf das Thema Sicherheit im Auto aufmerksam geworden.

Vor allem in den USA erschienen in diesen Jahren eine Menge Prototypen von »Safety Vehicles«. Aus einem bei Fiat entwickelten Kleinwagenprototyp, der die harten amerikanischen Sicherheitsnormen erfüllen sollte, entstand 1973 der Fiat 126, ein Kleinwagen, der bei weitem nicht die persönliche Note, stattdessen aber eine entschieden modernere Konzeption aufwies als der 500.

Das Erscheinen des 126 bedeutete noch nicht das Aus für den 500. Freilich produzierte man ihn von nun an nur noch in der vereinfachten Version 500 R (das »R« stand für »rinnovata« = erneuert). Doch nicht substantielle Innovationen, sondern lediglich »kosmetische« Änderungen brachte diese »Erneuerung«, die das kleine Auto vor allem in der Fertigung wirtschaftlicher und für den Käufer gebrauchstüchtiger machen sollte.

Der 500 R präsentierte sich mit Stahlscheibenrädern ohne Radkappen nach Art des 126, ferner ohne alle Zierleisten und mit einer vereinfachten Innenausstattung, die ein schwarzes Kunststofflenkrad, das runde Zentralinstrument des Modells F mit ebenfalls schwarzem Blendschutz und Sitze mit schlichten Kunstlederbezügen umfaßte.

Die hintere Sitzbank war starr und die Lehne nicht umklappbar. Um billiger fertigen zu können, wurde der Motor des 126 übernommen (Bezeichnung: 110.005), freilich nicht ohne Verminderung der Lei-

Links: Das neue, mit schwarzem Kunstleder bezogene Instrumentenbrett des »L« erhielt den großen Tachometer des gleichzeitig gefertigten Fiat 850 mit der bis 130 km/h reichenden Skala. Davor das sportlich wirkende Lenkrad.

Rechts: Die Fotos zeigen Einzelheiten des neuen L-Designs von Türgriff, Fensterkurbel und Ablagefach.

Der 500 R, die letzte Variante des populären Kleinwagens, blieb bis 1975 in Produktion. Bei dieser noch schmuckloseren Ausführung sind sogar die Zierleisten am Schweller und die blanken Radkappen verschwunden. Unter dem aus Rauten zusammengesetzten Fiat-Emblem befindet sich jetzt nicht mehr das Signalhorn; es wurde in einen besser gegen Verschmutzung geschützten Bereich nahe der Vorderachse verlegt.

stung auf 18 PS (13 kW). Auch das Getriebe profitierte vom 126 in Form einiger verbesserter Details. Schließlich erhielt der 500 R besser dimensionierte Antriebswellen, während die neue Achsübersetzung mit 8/39 derjenigen des 500 Sport entsprach. Damit konnte der 500 R das höhere Drehmoment des auf 594 cm^3 angewachsenen Motors besser nutzen und erreichte jetzt müheloser die »Traumgrenze« von 100 km/h.

Neu waren auch die Farbauswahl, die feine Pastelltöne enthielt, und das Fiat-Emblem vorn und auf dem Motordeckel in der inzwischen bei der Turiner Firma üblichen Rautenform.

Der Absatz des R-Modells erreichte anfangs etwa die Hälfte der Stückzahlen aus den Rekordjahren des 500, um nach und nach weiter abzusinken, bis man beschloß, daß eine Weiterführung der Produktion

Links: Das Instrumentenbrett des 500 R mit den vereinfachten Bedienelementen und ohne den Schalter für die Tachobeleuchtung, die ab diesem Modell über den Schalter für das Standlicht bedient wird. Lenkrad, Tachometer und dessen Umrahmung stammen vom 500 F, sind aber aus schwarzem statt aus hellem Kunststoff.

Rechts: Blick in den Motorraum des 500 R. Die wichtigste Änderung, den auf 594 cm³ erhöhten Hubraum, kann man äußerlich nicht sehen, ebenso wie die kräftiger ausgeführten Achswellen und -gelenke, eine Maßnahme gegen die häufigen Brüche an den bis dahin leicht unterdimensionierten, aber äußerst wichtigen Teilen der Kraftübertragung.

angesichts der niedrigen Verkaufszahlen nicht länger vertretbar sei. Daher verschwand der Fiat 500 im Jahr 1975 »auf Zehenspitzen« von der Bildfläche. Und kaum jemand nahm Notiz davon.

Das war dann auch schon die Story von seinem kleinen, aber großartigen Auftritt auf der Bühne des Automobils. Er hat Millionen von Italienern dabei geholfen, ihr Leben und ihre Arbeit besser zu bewältigen. Als es ihn gab, überschüttete man ihn mit Lob und Liebeserklärungen. Vielleicht hätte er auch noch ein wenig länger leben können, doch die Zeit schritt gar zu schnell voran, und vor der Tür warteten bereits die Neuausgabe des 126 und auch der Panda: gewiß weniger sympathische Autos als der 500, doch erheblich moderner und sicherer. Und zweifellos besser geeignet für ein Land, in dem sich – nicht zuletzt durch den Fiat 500 – innerhalb weniger Jahre grundlegende gesellschaftliche Änderungen vollzogen hatten.

Der 500 und die »Haute Couture«

Schon bald nach der Präsentation des serienmäßigen 500 begann Fiat mit der Lieferung von Fahrwerken an Karosseriespezialisten, um zusätzliches Interesse zu wecken und das Image des kleinen Wagens zu heben. Tatsächlich gelang es damals den Designern, jedes Auto ins Gespräch zu bringen, indem sie ihm ein exklusives, völlig ausgefallenes Kleid schneiderten.

Ab September 1957 lieferte Fiat daher die ersten 500er-Chassis aus. Wie alles, was den 500 zu Beginn seiner Laufbahn betraf, so fand auch dies zunächst kaum ein Echo, und zwar wegen technischer Probleme und des im Vergleich mit dem Serienauto zu teuren Halbfertigprodukts. Dennoch präsentierten sie alle im November am Turiner Salon ihre Kreationen: Francis Lombardi, Frua, Zagato, Moretti, Siata, Ghia, Pininfarina, Vignale, Viotto, Savio und Canta.

Die Exponate der »Haute Couture« erwiesen sich als wirksamer Blickfang, und die Turiner hatten erreicht, was sie wollten: die Neugier, die ein Modell erregt, für das »draußen« ein Kleid maßgeschneidert wurde, und das nun neben dem Original steht, auf dem es aufgebaut wurde.

Wenn wir heute diese frühen Sondermodelle betrachten, scheint es, als seien anfänglich weder die Karossiers noch das Publikum, noch – möglicherweise – Fiat selbst sich über die zukünftige Positionierung des neuen Kleinwagens auf dem italienischen Markt im klaren gewesen. Zu Anfang verstand

Links: Ein 500 Siata steht mit zehn weiteren Designermodellen auf dem Turiner Salon 1957. Sie alle basieren auf dem von Fiat ab September gefertigten 500er-Chassis.

Rechts: Der Karossier Pietro Frua stellte dieses ausgefallene Modell mit den weit zurückverlegten Scheinwerfern vor, die an die Positionslampen eines Motorboots erinnern. Beachtenswert die, wenngleich nicht sehr hübschen, so doch schwierig herzustellenden Radzierkappen in »Puddingform«. In jenen Jahren war Chrom am Auto ein Statussymbol und signalisierte Wohlstand. Für viele Leute war Glitter und blanker Zierat am Auto wichtiger als die Qualität des Designs.

Ein Nuova 500 Spider der Karosseriefabrik Savio.

Dem Savio ganz ähnlich ist der 500 von Francis Lombardi, der sich im wesentlichen durch die fehlenden Türen und den schlichteren vorderen Stoßfänger unterscheidet. Beide Modelle erschienen am Turiner Salon 1957. Erstaunlich ist, selbst angesichts der großen Fähigkeiten der Handwerker, wie schnell die Exponate hergestellt werden konnten.

außer dem Konstrukteur selbst wohl niemand so recht, daß der 500 das Vehikel für die Erstmotorisierung der Massen in Italien sein würde. Nur Dante Giacosa hatte bei seinen Entwürfen für den 500 stets die große Zahl der Rollerfahrer im Sinn, irrte sich aber in der Hoffnung, der bisherige Scooter-Besitzer würde für den Vorteil, mit dem Auto zur Arbeit fahren zu können, gewisse Unbequemlichkeiten in Kauf nehmen, etwa das zu geringe Raumangebot für eine Fahrt ins Grüne mit der ganzen Familie.

Die winzigen Abmessungen und das Fehlen der Fondsitze bei der ersten Ausgabe des 500 ließen ihn vermutlich nicht als vollwertigen Kleinwagen erscheinen, sondern eher als kleines Luxusspielzeug oder als Stadt-Minicar für die, die schon ein »richtiges« Auto besaßen.

Genau so waren auch die ersten Designer-Kreationen zu verstehen; die Karossiers stylten den kleinen Fiat wie ein Spielzeug, wie einen Zeitvertreib für reiche Leute, bauten winzige Spider, die sich bestens als Landflitzer für große Motorjachten eigneten, oder Mini-Coupés, in denen sich die vornehme Dame oder der Sohn aus gutem Hause in der Stadt standesgemäß und elegant sehen lassen konnte. Es gab einige Karossiers, die den geringen Hubraum hinter massigen Formen verstecken wollten, doch das schwache Motorchen ließ den 500er mit den gewaltigen Dimensionen nur lächerlich wirken.

Pininfarina und Zagato schlugen Sportcoupés vor, die einander ganz ähnlich waren, Miniaturausgaben klassischer GTs à la Italiana. Der 500 von Pininfarina blieb ein Einzelstück, während der Zagato tatsächlich produziert wurde. Er erhielt die Mechanik von Abarth und errang viele Erfolge im Motorsport.

In eine Marktnische, die das Serienauto nicht abdecken konnte, traf der Ghia 500 und wurde damit zu einem der erfolgreichsten »Specials«. Ghia legte seinen 500er als Strand- und Freizeit-Buggy an und verzichtete auf Dach und Türen. Die Sitze bestanden aus Korbgeflecht, damit man auch mit nasser Badekleidung einsteigen konnte. Der Buggy von Ghia blieb ziemlich lange im Programm, und seine Benutzer waren offenbar sehr zufrieden. Unter ihnen befanden sich viele Prominente aus der Welt der Finanz und der Kultur, die zur internationalen Verbreitung des Fiat 500 beitrugen.

Auch der offene 500, den Francis Lombardi 1957 präsentierte, besaß keine richtigen Türen. Sowohl im Styling als auch in seinen Details war er von ausgesuchter Qualität. Aus Kostengründen blieb es aber bei einem Einzelstück – genau wie bei dem Spider von Savio, der ganz ähnlich aussah, aber Türen hatte.

Unter den Einzelstücken wäre der 500 von Frua zu erwähnen. Auch hier handelte es sich um ein Strandauto, dessen besondere Note in den sehr weit zurückverlegten Scheinwerfern bestand, die stark an die Positionslampen eines Motorboots erinnerten.

Das kleine Cabrio von Siata aus demselben Jahr dagegen gab sich sportlich; sein gewaltiger Kühlergrill täuschte einen starken, vorn liegenden Motor vor. Sein Heck mit den in den USA hochaktuellen Flossen wurde noch zusätzlich belastet durch drei runde Luft-

Ein kleines Cabrio von Monterosa auf 500er Chassis.

Vignale stellte diesen offenen 500er aus. Ebenso wie der Monterosa war er um einiges zu schwer für den schwachen Motor von 1957, der nur 13,5 PS (10 kW) leistete. Beide blieben recht erfolglos. Erst als später genügend starke Motoren im 500 erschienen, begannen Designer-Karosserien für die Kundschaft interessant zu werden.

einlaß-Attrappen. Das Ganze wirkte eher wie ein Karussellauto. Mag sein, daß es einigen gefiel; den meisten aber schauderte es bei seinem Anblick.

Sehr kompakt und wohlproportioniert erschien hingegen das 500er Coupé von Canta, dessen einziger stilistischer Schwachpunkt die vorderen Chromleisten in Trapezform waren, die im Gegensatz zu allen übrigen, gerundeten Linien standen.

1958 war der herausragende »Special« auf Fiat-500-Basis ein äußerst aerodynamisch gestaltetes Rekordfahrzeug von Pininfarina. Mit diesem Super 500 stellten unter anderen der junge Mario Poltronieri sowie Giancarlo Baghetti und Elio Zagato rund dreißig internationale Rekorde auf. 1959 erkannten schließlich zwei Karossiers, daß Varianten des Nuova 500 in erster Linie praktische Autos sein mußten. Die Vorschläge von Moretti und Lombardi waren Kombiwagen, in ihrer Konzeption nicht weit ent-

Ovidio Capelli neben dem 500 Abarth Zagato, mit dem er den 1958er Schönheitswettbewerb gewann. So, wie das Foto aufgenommen wurde, erscheint der Wagen noch kleiner als er in Wirklichkeit ist.

Der 500 »Jolly«, ein Ghia-Produkt für Freizeit und Strand. Er war recht erfolgreich und blieb jahrelang im Katalog. Unter sei-nen Besitzern fand sich eine Menge internationale Jet-Set-Prominenz, unter anderen der millionenschwere griechische Reeder Aristoteles Onassis und der kahlköpfige amerikanische Filmstar Yul Brynner, der ihn als Landflitzer auf seiner Motorjacht hielt.

fernt vom Giardiniera mit dem liegenden Zweizylinder, den Fiat selbst etwas später vorstellte.
In den 60er Jahren begann es mit dem mittlerweile verbesserten 500er aufwärts und mit den von Dritten karossierten »Specials« rapide abwärts zu gehen. Um den wachsenden Bedarf zu decken, mußte sich Fiat auf die Serie konzentrieren, so daß immer weniger Spielraum für die Lieferung von Fahrwerken blieb. Einer der Gründe für das abnehmende Interesse an Sonderausführungen war der Erfolg der Bianchina, einer von Autobianchi hergestellten 500er-Variante, die Luigi Fabio Rapi gezeichnet hatte.
Unter den wenigen Designermodellen jener Jahre war der kleine offene Zweisitzer von Viotti aus dem Jahre 1961 besonders interessant. Sein Styling stammte von Rodolfo Bonetto, der mit wenigen, klaren Linien einen originellen Spider kreierte. Zu seinen Merkmalen zählten die als »Froschaugen« ausgebildeten Scheinwerfer und eine versenkbare Windschutzscheibe. Zwei Jahre später versuchten sich Sibona & Basano mit der Verwendung von Fiberglas an ihrem 500 »Decathlon«.
1964 stellte Francis Lombardi ein Coupé 500 unter dem Namen »Coccinella« vor. Seine scharfen Linien am Bug und das starke Fließheck im klassischen Stil italienischer GTs verliehen dem winzigen Coupé ein sportliches, flinkes Image. Dennoch, seine Karosserie war mit Sicherheit schwerer als das Original. Allerdings war die Motorleistung des 500 zu dieser Zeit bereits von ursprünglich 13,5 auf 21 PS (10 auf 15,5 kW) angestiegen, ein Grund für die Karossiers, weiterhin beim Stahlblech zu bleiben.
1965 konnte Moretti dank der gestiegenen PS-Zahlen sein Coupé vergrößern, indem er einige Bauteile vom Fiat 850 verwendete, dabei jedoch die saubere, gefällige Linienführung beibehielt.
Nach jahrelangem Dahinschlummern erwachte um 1967 das Interesse der Karossiers für den Fiat 500 wieder, nachdem sich das F-Modell als ausgereiftes

Produkt mit starker Identität und fester Marktposition erwiesen hatte. Und auch diesmal waren es wie damals wieder die Fun-cars, Miniaturausgaben der beiden gerade besonders im Trend liegenden vierrädrigen Spielzeugarten, nämlich Geländewagen und Nostalgie-Autos.

Unter den 500er Nostalgie-Fahrzeugen war beispielsweise der »Erina« des Karosserieschneiders Zanella. Vom kommerziellen Standpunkt interessanter war freilich der »Gamine« (»kleine Göre«) von Vignale, der sogar in Serie ging. Das nostalgische Styling des Gamine durfte keinerlei Anleihen bei irgendeinem konkreten Auto machen, sondern mußte sich an »Oldies« orientieren, ohne auf eine moderne, praktische Konzeption zu verzichten, die den Erfolg des kleinen Autos garantieren sollte. Auch Francis Lombardis »Maggiolina« (»Maikäfer«) war gewissermaßen nur die Nachahmung eines Oldies, der sich damals in Italien erfolgreich durchzusetzen begann: des Käfer-Cabriolets von VW. Nur schade, daß das Cabrio mit dem serienmäßigen Unterbau des Original-500ers zu hohe Fertigungskosten verursacht hätte.

Ebenfalls als zu teuer erwiesen sich die beiden letzten 500er Sondermodelle, die von Caprera und von Fissore vorgestellt wurden. Beide wiesen gestreckte, niedrige und sportliche Linien auf und dienten wahrscheinlich mehr als Stylingstudien denn als Prototypen für mögliche Produktionsmodelle. Der 500 von Caprera nannte sich »Ragno«, und sein Styling hatte manches gemein mit dem Lombardi 850 Grand Prix aus der Feder von Pio Manzù. Der andere Special, den Fissore präsentierte, hieß »Mongho«, beruhte auf Entwürfen des Designers Aldo Sessano für einen kleinen Stadtwagen und wurde von Glasurit gesponsert. Es handelte sich um ein zweisitziges Coupé mit sportlicher Note, konzipiert für deutlich andere als die Käufer des Nuova 500, doch auf einer Linie mit dem erfolgreichen Prototyp »Nergal« auf NSU-Fahrwerk und mit dem Sport Inducar, der von Seat auf dem 127er Chassis in Serie gefertigt wurde.

Bei der Behandlung der Sonderkarosserien darf man die »Elaborate« nicht vergessen, eine Erscheinung, die damals zur typisch italienischen Szenerie gehörte und weite Verbreitung fand. Nährboden für diese Entwicklung war die besondere sozio-ökonomische Situation, in die sich das Können und die Phantasie der Karosseriefirmen nahtlos einfügten. Im wachsenden Wohlstand, der immer breitere Schichten in die Motorisierung einbezog, gab es praktisch nur einen einzigen Hersteller, der sich dem rasch steigenden Bedarf an »Einsteigerautos« quasi allein gegenübersah: Fiat. Besonders gefragt waren hier der 600 und der 500. Die Lieferzeiten wurden immer

Gegenüber: Der letzte der 500er, das R-Modell, trat 1975 von der Bühne ab, zwei Jahre nachdem die Turiner seine Fertigung an SicilFiat übertragen hatten. Im letzten Jahr waren noch etwa 28.000 Einheiten produziert worden, ein trauriges Ergebnis im Vergleich mit den 380.000 des Rekordjahrs 1970 und weit entfernt von einer wirtschaftlichen Stückzahl. Der Niedergang des 500 beruhte auf veränderten Bedürfnissen der Käufer, die Fahrkomfort und Sicherheit verlangten, wie sie sonst nur die Mittelklasse geboten hatte.

Oben: Eine vereinfachte Version des Ghia »Jolly«, dessen Sitze mit Kunststoff statt mit Korbmaterial bespannt sind, und der auf den verchromten Kantenschutz der Luxusausführung verzichtet.

Dieser überzeugende 500 Speedster, karossiert von Viotti nach Entwürfen des Mailänder Designers Rodolfo Bonetto, fällt besonders durch seine »Froschaugen«-Scheinwerfer und die in einer speziellen Führung versenkbare Frontscheibe auf. Abgesehen von dieser teuren Extravaganz wäre es leicht gewesen, das Modell mit seinen fertigungstechnisch günstigen Formen in Serie zu produzieren. Leider blieb es ein Einzelstück.

Gegenüber: Auch dieses Transparentbild zeigt immer noch das alte D-Modell. Ein geschickter Zeichner brachte es auf den Stand der L-Ausstattung, verzichtete jedoch darauf, auch die Gürtelreifen und den in Schalenbauweise gefertigten Schalldämpfer darzustellen.

Jeder kann mit seinem »Oldie« natürlich tun, was er will. Doch wer eine authentische Restauration ausführen möchte, muß darauf achten, daß das Auto nicht häßlicher, aber auch nicht schöner sein darf als einst im Neuzustand. So müßten bei diesem 500er die blanken metallischen Zierteile innen am Türschweller (Foto unten links) und an der Dachtraufe (Foto unten) entfernt werden.

Es ist schwierig, die Originalfarben jedes Einzelteils von damals herauszufinden. Der Verdeckspiegel z.B. hatte ungefähr diese Farbe, doch der Ton stimmt nicht genau überein. Abgesehen davon sollten auch das Material und das Verfahren des Anstrichs möglichst genau dem entsprechen, was seinerzeit tatsächlich angewandt wurde.

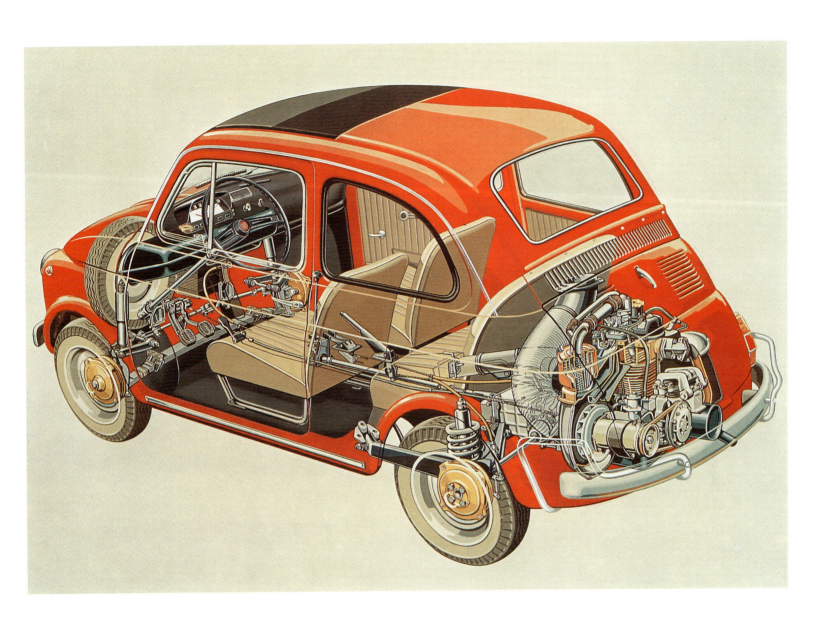

Rechte Seite oben: Hier ist erkennbar, wie der Restaurateur dieses 500 D korrekterweise davon Abstand genommen hat, Unterboden und untere Schwellerkante mit einem Schutzanstrich zu versehen, ein ansonsten häufig gemachter Fehler bei der Restauration des 500.

Rechte Seite unten: Der Blick in den Motorraum zeigt eine gewisse Unordnung bei der Verkabelung und das Fehlen einiger kleiner Details. Auch hier aber müßte darauf geachtet werden, daß der Originalzustand genau wiederhergestellt wird. Der wie eine Konservendose aufgebaute Schalldämpfer ist übrigens absolut korrekt für den 500 D, während beim 500 F der Auspufftopf aus zwei Halbschalen bestehen müßte.

Das leicht verblaßte Farbfoto zeigt einen 500 Kombi »Giardiniera« ohne Außenspiegel, obgleich die damals in Italien bestehenden Zulassungsvorschriften einen solchen für alle Kombis und Mehrzweckautos verlangten.

Dieses farbige Schaubild gibt einen besonders guten Überblick über die Anordnung der mechanischen Baugruppen im 500 Giardiniera. Bemerkenswert der liegende »Unterflurmotor«, der für eine Menge Platz im Laderaum sorgt.

500er im Sportanzug: Fiat wurden ab 1948 in den Steyr-Werken in Graz montiert, später entstanden auf Fiat-Basis eigene Konstruktionen. Der Puch 500 unterschied sich durch ein Faltdach, ein Handschuhfach im Armaturenbrett, ein modifiziertes Heck und einen sehr leistungsfähigen 500er, später sogar einen 650er Motor von seinen italienischen Brüdern. In seiner heißesten Version leistete der Boxer stramme 50 PS und bestritt viele Rallye-Wettbewerbe. Auch bei der Rallye Monte Carlo sorgte der Rennfloh für Fuore. Der hier gezeigte Puch allerdings hat keine echte Rennvergangenheit, der rote Rallyestreifen ist nur aufgeklebt.

500er im Sonntagskleid: Autobianchi Bianchina, ein Zeitgenosse des »Nuova 500«. Autobianchi war eine Gemeinschaftsgründung von Fahrradhersteller Bianchi, Reifenhersteller Pirelli und Fiat. Bis Herbst 1964 produzierte Autobianchi ausschließlich verschiedene Bianchina-Typen.

500er im Arbeitsanzug: Beim allradgetriebenen »Ranger« erinnert nur noch wenig an den Fiat 500.

Kleinwagen bis dahin ungekanntes Gefühl von Luxus erweckten. Die Veränderungen rechtfertigten natürlich höhere Preise, und ein paralleles Vertriebsnetz sorgte für prompte Lieferung dieser »Elaborate«. Auf diese Weise bekam man umgehend und zu angemessenem Aufpreis den ersehnten Kleinwagen, der überdies noch allenthalben Neid erweckte. Fiat, damals unter der Leitung Vallettas, hatte nichts gegen die »Elaborate«, ja, man ermutigte die Firmen sogar in gewissem Rahmen dazu, vor allem, wenn die Arbeiten – wie bei Giannini und Abarth – auch Verbesserungen an der Mechanik einbezogen und das Ansehen des Serienwagens erhöhten.

Unter den 500ern mit »überarbeiteter« Karosserie war die »My Car« genannte Version von Francis Lombardi sehr erfolgreich. Der Wagen war in seinem Aufbau ebenso kompromißlos funktionell wie sein Serien-Original, doch die geschickte Wahl von Extras war dazu angetan, die Bedürfnisse anspruchsvollerer Kunden zu erfüllen.

Eine Seitenlinie der Sonderkarosserien bildeten die »geländegängigen« Konstruktionen. Die ersten, die die Qualitäten des 500 abseits der Straßen entdeckt

Oben: Der 500 »My Car« von Francis Lombardi ist ein Ganzmetallauto und zumeist in Metallic-Lackierung ausgeführt. Die Front schmückt ein verchromter Grill. Das recht reichhaltige Zubehör umfaßt hintere Ausstellfenster und ein individuell geformtes, mit schwarzer Folie bezogenes Instrumentenbrett.

Unten: Der vom gleichen Karossier stammende »Coccinella«, ein kleines Coupé, dem kein so großer Verkaufserfolg beschieden war.

Gegenüber: Außer Detailverbesserungen an Innen- und Außenausstattung bot man für das »Deluxe«-Modell des 500 Lusso eine neue Palette mehr oder weniger kräftiger Farbtöne an, alle bis dahin unbekannt und exklusiv für den Lusso.

länger, zu lang für die ungeduldigen Kunden. Spezialisten, stets bereit, Käuferwünsche in die Tat umzusetzen, erfanden Sonderausführungen der Serienmodelle, die mit ihrem Chromzierat, ihren feineren, meist zweifarbigen Lackierungen und den Retuschen an Styling und Innenausstattung beim Käufer ein für

Das interessante 500 »Maggiolina«-Cabrio von Francis Lombardi ging wegen der zu hohen Kosten nicht in Serienproduktion.

hatten, waren einfache, oft ärmlich gekleidete Landleute, die sich das Auto nur gebraucht oder auf Raten kaufen konnten. Sie hatten erkannt, wie bequem es war, mit dem 500er aufs Feld und auf die Märkte zu fahren. In den ländlichen Regionen von Nord- wie auch Süditalien begegneten einem häufig 500er, schwer beladen mit landwirtschaftlichen Geräten, Kartoffeln oder Tomaten.

Die ausgezeichnete Fahrtüchtigkeit im schwierigen Gelände war auf das geringe Wagengewicht und die hohe Zugkraft des nach hinten überhängenden Heckmotors zurückzuführen, der die Antriebsräder mit seiner ganzen Masse belastet. Mehr als ein »Erfinder« aber wollte die Geländegängigkeit noch weiter verbessern: Pablo Bandoli in Turin zum Beispiel bot eine Variante mit Sperrdifferential und zwei Rädern mit Geländereifen an, die als Bausatz 138.500 Lire kostete. Davon entfielen allein 48.000 Lire auf die beiden Räder und notwendige Änderungen an der Radaufhängung.

Auch die Karossiers legten geländegängige Versionen vor. Der bekannteste war der »Albarella« von Savio, ein kleinerer Bruder des so erfolgreichen »Jungla« auf Fiat-600-Basis. Der Albarella war jedoch kein wirklicher Geländewagen, sondern eher als Freizeitauto anzusehen, das auf der Linie der Strand- und Fun-Cars lag.

Ernster mit der Geländegängigkeit meinte es da

Gegenüber oben: Der 500 TV des römischen Karosserieschneiders Giannini, in Motor und Karosserie überarbeitet, machte mit sportlichen Erfolgen von sich reden.

Gegenüber unten: Der »Gamine«, die »kleine Göre« von Vignale, wurde vor allem in Frankreich gern gekauft.

schon der »Ranger« von Ferves in Turin. Zum Triebwerk des Fiat 500 hatte man ein eigenes Chassis aus Blechprofilen konzipiert, das von einer genieteten Stahlblechkarosserie umgeben war. Die Spurweiten variierten mit den verschieden breiten Reifen, die im Durchmesser kleiner als die des Originals waren, um so die Gesamtübersetzung zu »verkürzen«. Der kurze Radstand machte das Auto wendiger, die Bodenfreiheit wurde deutlich vergrößert, so daß ein tatsächlich geländegängiges Fahrzeug entstand, das auch als Pritschenwagen »Cargo« mit einer Nutzlast von 300 kg angeboten wurde. Aufbau und Finish beider Ferves-Modelle wirkten äußerst spartanisch, doch die Instrumentierung mit Drehzahlmesser und einer Menge Kontrollampen war – vermutlich im Hinblick auf den besonders harten Einsatz – sehr reichhaltig.

Bei seiner Vorstellung 1967 waren nur die Hinterräder des Ranger-Prototyps angetrieben. Als er 1968 (unter dem Zeichen »4 x 4«) in Serie ging, besaß er einen während der Fahrt zuschaltbaren Vierradantrieb. Dieser verbesserte, in Verbindung mit einem Sperrdifferential an der Hinterachse, die schon hervorragenden Fahreigenschaften des Ferves in Matsch und Schnee noch einmal erheblich. Die Einfachheit der Konstruktion und die Verwendung von Bauteilen aus der Großserienfertigung (z.B. die homokinetischen vorderen Gelenke vom Autobianchi Primula) hielten Preis und Betriebskosten des kleinen 4 x 4 in Grenzen, so daß er großen Anklang fand.

Oben: Der »Mongho«, einer der letzten 500er Specials, karossiert von Fissore nach Entwürfen von Aldo Sessano.

Links: Den »Ranger« gab es mit Zwei- und Vierradantrieb; sein überaus kurzer Radstand macht ihn sehr wendig, aber auch anfällig für Überroll-Unfälle.

Rechts: Die Pritschenversion des »Ranger« nennt sich »Cargo«. Viele der Komponenten stammen von Fiat, die Bauteile des Vorderradantriebs sind vom Autobianchi A111 abgeleitet.

Der Zwerg auf der Rennpiste

Oben: Giuseppe Lombardi mit einem Steyr-Puch 500 beim Bergrennen Cesana-Sestrière 1963. Im Jahr darauf änderte sich das Reglement so, daß die österreichische Fiat-Version in Italien nur noch bei Veranstaltungen mit ausländischer Beteiligung starten durfte.

Unten: Diese Studioaufnahme zeigt zwei Fiat 500 Sport. Es waren die Turiner selbst, die den Anstoß zum Einsatz ihres Zweizylinders im Motorsport gaben, um damit das Image des 500 aufzuwerten. Auch die technischen Anleitungen zum Tuning des kleinen Motors gab ein Mann von Fiat, der Rennfahrer und Techniker Dalla Chiesa.

500er Rennsportversionen in ganz Italien

Mit den sechziger Jahren begann auch die aufsehenerregende sportliche Laufbahn des Fiat 500. Nicht etwa seine furchterregenden Fahrleistungen machten ihn berühmt, es war eine Welle von Sympathie, die den in Scharen auftretenden, von einer kleinen Gruppe ihm treu ergebener Fahrer pilotierten Zwerg auf allen Pisten begleitete. Dabei war der Anfang eher mühselig; denn der Kleinste aus dem Hause Fiat war zu teuer und zu schwach auf der Brust. Die ersten Arbeiten der Tu-

ningspezialisten Almo Bosato und Enrico Nardi zielten denn auch nur auf die Käufer ab, die sich – ohne motorsportliche Ambitionen – lediglich höhere Leistung wünschten.

Fiat selbst war es, der dem 500 als erster eine wirklich sportliche Note gab. Die Turiner waren auf der Suche nach einem besseren Image des Serienprodukts, und das Ergebnis war optimal: Mit seinem Debüt bei den 500 Kilometern von Hockenheim 1958 begann die Erfolgsserie des Fiat 500 Sport. Die ersten vier Plätze, die er dabei belegte, wurden für einen breit angelegten Werbefeldzug genutzt, der unter anderem dazu führte, daß für den Zwerg bei nationalen Rennen eine eigene Kategorie eingerichtet wurde. Die ersten, die in dieser neuen 500er Klasse fuhren, waren noch reine Privatfahrer.

Lüttich–Brescia–Lüttich 1958: Der Fiat 500 belegte den zweiten Platz.

Der 500 Normale von Kerschebaumer an der »Curva delle orfanelle« beim Rennen Bologna–San Luca.

Ein 500 Normale setzt nach einem Luftsprung wieder auf. Eine Szene aus der Tausend-Seen-Rallye 1959.

Paolo Amato und Riccardo Carafa bei der 5. Blumen-Rallye 1962.

Der 500 des ersten italienischen Meisters aber hatte damit nichts mehr gemein – vom Abarth-Motor bis zur phantastischen Aluminiumkarosserie von Zagato. Diesen ersten Meistertitel errang 1958 Ovidio Capelli. Ihm folgten andere Privatfahrer wie Piercarlo Borghesio, Luciano Massoni und Sandro Arcioni.

1963 verhalf das jungenhafte Lachen des diesjährigen Meisters, des »Milchgesichts« Leonardo Durst, einer neuen Ära der 500er-Wettbewerbe zum Durchbruch: Die Rennen wurden überschwemmt von jungen Männern, die mit der typischen Unbekümmertheit von Teenagern losbrausten und höchstens bis zur ersten Kurve kamen. Um an dem Gedrängel vorbeizukommen, brauchte man Mut und einen starken Motor.

Riccardo Viotto und Celestino Formenti auf einem schwierigen, unwegsamen Teilstück der 5. Blumen-Rallye.

Mitte und unten: Die junge römische Rennfahrerin Liliana De Menna führt vor einem Feld von Konkurrenten mit Fiat- und Fiat-Giannini-Zweizylindern. Sie selbst fährt einen blauen Fiat-Giannini 500 TV mit gelbem Dreieck am Bug. Das Rennen fand am 17. März 1967 im Autodrom von Vallelunga statt, ein Jahr nachdem die junge Frau italienische Damenmeisterin aller Klassen wurde.

Cesare Guzzi mit seinem siegreichen Fiat-Giannini 500, italienischer Meister dieser Klasse 1967 und 1968

Diese Karambolage in Vallelunga verdeutlicht den kämpferischen Einsatz der Fahrer. Um zu gewinnen, mußte man sowohl die kleinen Winkelzüge beim Tuning als auch die Tricks auf der Rennstrecke beherrschen, vor allem aber Mut und einen guten Motor haben. In jeder Stadt gab es wenigstens einen geschickten Tuner für den 500er, doch sie alle waren inspiriert von der »Turiner Schule« Almo Bosatos. Die besten Ergebnisse erzielten in der Folge – unter unzähligen anderen – Romeo Ferraris in Mailand, »Gigetto« und Vacari in Rom, Adolfo und Cevenini in Bologna, Audisio und Benvenuto in Ligurien, Poggi in Mantua, Bacci in Florenz, Sapienza in Sizilien, Pucciarini in Perugia und Gattafoni in den Marken

Den richtigen Weg bei der Überarbeitung des Fiat 500 wies der Turiner Spezialist Almo Bosato. Alle übrigen folgten seinen Methoden. Die besten Ergebnisse erzielte die »Garage Massimo« von Gianfranco Zanoli und Romeo Ferraris, die jahrelang die Siegermotoren lieferte. Neben ihnen gab es aber auch Könner wie Poggi in Mantua, der mit Alessandro Braga 1964 italienischer Meister wurde, und viele andere mehr. Die rennmäßige Überarbeitung des 500 hatte spezifische regionale Schwerpunkte: In Turin setzten Chiappa und Lavazza die Tradition Bosatos fort; in Vallelunga liefen die kleinen Renner von »Gigetto« Giraldi, von Salvatore Genovese und von Vaccari; in Perugia dominierten 500er von Pucciarini; in den Marken waren die Autos von Gattafoni am stärksten; in Bologna kam man an denen von Bizzarri und Adolfo nicht vorbei; in Florenz war Bacci der führende Tuner; in Ligurien gaben Audisio und Benvenuto den Ton an, in Sizilien die Firma Sapienza, in Venetien Angelino Lepri, in Alexandrien Leo Garavello und selbst in dem kleinen Ort Rovereto fand man einen »Zauberer«, Mauro Baldo. In jedem Winkel Italiens tauchten kompetente Tuningspezialisten für den Zweizylinder auf, dessen Leistung oft 35 PS (26 kW) überstieg. So wurden beispielsweise für die 595er von Leo Garavello und von Cevenini am Ende ihrer Entwicklung 58 PS (43 kW) angegeben.

Auch aus Österreich schlugen die Blitze ein. Die heißen Öfen von Steyr-Puch (mit 500er Karosserie und eigenem Zweizylinder-Boxermotor) mit den Fahrern Ortner, Roser, Lejdl und König verbreiteten Panik auf allen Rennstrecken. Lombardi und »Robertino« Benelli brachten sie nach Italien. Zum Glück setzte das Reglement diesem »Alptraum mit österreichischen Kennzeichen« bald ein Ende, und man konnte wieder lustig drauflosfahren, auch wenn nur selten Fahrer aus dem Norden nach Süden gingen und umgekehrt. Grund dafür waren wohl nicht so sehr die lokalen Rivalitäten, als vielmehr die Be-

Links: Das Homologationsblatt des Fiat-Abarth 500 für die Kategorie II Gran Turismo (GT) bis 500 cm³. Wir stellen fest, daß man aus dem nominellen Hubraum von 479 cm³ durch Aufbohren der Zylinder bis zum zulässigen Übermaß 499 cm³ machen kann, also beinahe das Maximalvolumen der Klasse. Die Unterschiede gegenüber dem Serien-500er bestehen vor allem in der Nockenwelle mit veränderten Steuerzeiten, den Kolben, der Ölwanne, den Kerzenschutzkappen und der Auspuffanlage. Sämtliche Abarth-eigenen Bauteile müssen mit dem Herstellernamen in erhabener Schrift gekennzeichnet sein. Auch der verchromte Minigrill am Bug mit dem Markenzeichen des Skorpions war, obgleich nur Zierat, Gegenstand der Homologation und durfte für das Rennen nicht entfernt werden.

Autobesitzers mit dem 500er muß ein stark emotionales Sich-eins-Fühlen mit seinem »anderen Ich«, dem Rennfahrer, ausgelöst haben.

Die Mädchen konnten sich mit ihrem weiblichen Idol, der zwanzigjährigen Meisterfahrerin Liliana De Menna identifizieren, die den 500 in demselben Blau pilotierte wie den, mit dem sie morgens zur Uni fuhren. Auch die männliche Jugend liebte den Fiat 500 und den Motorsport. Zwei damals noch blutjunge Fahrer, Luca Montezemolo und sein Vetter Cristiano Rattazzi, wurden – unter altlateinischen Pseudonymen – zum festen Begriff in den Rennen der Zweizylinder. Montezemolo machte durch seinen waghalsigen Fahrstil auf sich aufmerksam, der ihm manchen Verweis seitens der Rennleitungen, jedoch auch starken Beifall der von seinen Powerslides begeisterten Fans eintrug.

Andere junge Männer machten mit dem 500 die ersten Schritte ihrer Laufbahn als Rennfahrer, darunter auch Raffaele Pinto, Ignazio Giunti, »Nanni« Galli, Marcello Gallo, Claudio Francisci und Eugenio Renna alias »Amphicar«. Daneben gab es weitere Piloten, die durch ständigen kämpferischen Einsatz

fürchtung, daß im Fall eines Sieges die Gegner Protest einlegen und veranlassen könnten, daß der Motor geöffnet und die Tuning-Geheimnisse preisgegeben werden müßten. Wieviel dabei der Lokalpatriotismus wirklich eine Rolle spielte, ist schwer zu bestimmen; es bleibt jedoch festzuhalten, daß das gesamte Umfeld genauso heißblütig war wie das Publikum, das an Rundstrecken und Bergpisten wie wahnsinnig Lärm schlug und seine »Helden« lauthals und fanatisch feierte. In der Tat waren gerade in jenen Jahren in ganz Italien die breiten Massen dabei, sich mit Hilfe des Fiat 500 erstmals zu motorisieren. Der Prozeß der Identifikation des frischgebackenen

Der Fiat-Abarth 500 nach einem seiner ersten Siege beim Straßen-Marathon Lüttich–Brescia–Lüttich 1958. Ein baugleiches Fahrzeug brach im gleichen Jahr auf dem Monza-Kurs fünfzehn Langstreckenrekorde.

in dieser Kategorie auffielen, wie etwa Ugo Barlilaro, Rasia Dal Polo, Achille Minen und Sergio Dal Cason. Weiter erinnern wir uns an die regionalen Titelträger auf Fiat 500, nämlich Calascibetta, La Mantia und Affinita in Süditalien und Namen wie Dalla Chiesa in Turin (wichtig, weil er direkte Kontakte zum Fahrversuch in Turin pflegte), Brancadore in Siena, Polli in Florenz, Lanzoni, Cecconi und Magri in Bologna sowie eine Reihe anderer Bezirksmeister. Man denke nur daran, daß bei jedem kleineren Bergrennen über fünfzig Teilnehmer in den drei Klassen der Zweizylinderkategorie starteten. Die Wettbewerbe der 500er hatten, obschon unbeabsichtigt, stets den Charakter eines Marken-Cups,

Diese Zeichnung weist in dunklerem Ton die Bauteile aus, die zum Umbausatz für den 1963 vorgestellten Fiat-Abarth 595 zählten. Die professionelle Sorgfalt des Turiner »Zauberers« erkennt man auch daran, daß er scheinbar unbedeutende Teile (z.B. Schrauben, Muttern, Rohre) in den Bausatz einbezogen hat, die jedoch offenbar für das Ergebnis wichtig sind. Der berühmte Auspuff war auch getrennt erhältlich, und sehr oft begann der Bastler damit sein privates »Tuning«.

so daß die Fahrer im Grunde alle die gleichen Chancen hatten.

Für die, die etwas mehr verlangten oder den ersten Schritt in eine höhere Klasse machen wollten, gab es die Abarth 595 und 695. Fahrer und Tuner der Abarth-Versionen stellten eine kleine Elitetruppe dar. Die NSU Prinz von Arpad, Ghedini und Bonapace mühten sich erfolglos ab, dem 595 etwas entgegenzusetzen. Auch Angela Fontana und Arrigo Cochetti, die bis zum Erscheinen der kleinen Fiat Abarth Klassenmeister auf BMW 700 gewesen waren, konnten dem 695 nicht standhalten.

Erinnern wollen wir aber auch an die Versionen von Giannini. Der sportliche Erfolg der 500er aus Rom kam mit der Änderung des Reglements. Infolge der neuen Vorschriften waren dem Serien-500er alle Tuningmöglichkeiten verbaut, weil Fiat die Homologation wichtiger Bauteile versäumt hatte. Giannini, der das Modell 500 TV mit allen seinen besonders sportlich ausgelegten Details homologieren ließ, verfügte damit über weit besser für das Fahren und Gewinnen von Rennen geeignetes Material als Fiat selbst. So ließen sich die größeren, belüfteten Felgen zwar auf den Giannini, aber nicht auf den Fiat 500 montieren.

Piloten, die nach Meistertiteln schielten, hatten praktisch gar keine andere Wahl mehr als den Giannini 500 TV Special (später »Montecarlo«). Doch sein Erscheinen sollte auch die herrlichen Zeiten der 500er-Renner beenden, zehn spannende Jahre für die jungen Heißsporne, die einen Weg gefunden hatten, Rennen zu fahren und ihren Spaß zu haben, ohne ein Vermögen dafür ausgeben zu müssen.

Wenngleich die große Zeit der 500er-Rennen etwa mit dem Jahrzehnt von 1960–1970 zusammenfällt, konnte man die Zweizylinder mit wechselndem Erfolg noch bis an die Schwelle der achtziger Jahre auf den Rennpisten beobachten. Dann freilich verschwanden sie unvermittelt, weil das neue internationale Reglement diese Kategorie nicht mehr berücksichtigte. Die beachtliche Standfestigkeit des Serienmotors hatte die Voraussetzungen dafür geschaffen, daß man Leistungen um die 100 PS (74 kW) je Liter erreichte und die Zahl der Fahrer und der Tuner stetig gewachsen war.

Im Zeichen des Skorpions: Fiat-Abarth 500

Ende 1957 präsentierte Abarth seine erste überarbeitete Version des Nuova 500. Es handelte sich um ein vor allem karosserieseitig abgeändertes Modell, das mit einer Zweifarbenlackierung und reichlich Chrom glänzte. In der Tat war es damals die extrem spartanische Ausstattung, die potentielle Käufer dem neuen Nuova 500 am meisten ankreideten, und Carlo Abarth, stets sehr zugänglich für Kundenwünsche, nahm sich deshalb besonders das Äußere des Wagens vor. Natürlich arbeitete er auch an der Mechanik, doch in Grenzen: Den Hubraum beließ er bei 479 cm^3 und hob die Leistung nur durch Arbeiten am Zylinderkopf und eine gekonnte Abstimmung an. Aus ursprünglich 13,5 PS (10 kW) wurden 20 PS (15 kW), wodurch er die Spitze von 85 auf 100 km/h brachte.

Diese erste Abarth-Ausgabe erlitt das gleiche Schicksal wie das Original: Es wurde kein richtiger Erfolg, und nur wenige Exemplare wurden gebaut. Auch der zweiten Serie des 500 Abarth von 1958 ging es nicht viel besser. Diesesmal hätte der Kleine aus dem Abarth-Stall mit Fiats eigenem 500 Sport konkurrieren müssen, und das wäre ein höchst unglückliches, riskantes Zusammentreffen gewesen, da Fiat der Hauptlieferant Abarths war. Wesentlich günstiger sah es dann bei den Rekordfahrzeugen aus.

Der 500 Abarth für die 1958er Rekordversuche besaß die Fiat-Originalkarosserie und wurde nur in dem engen Rahmen geändert, den das Reglement zuließ, also in den Bereichen Gemischbildung, Ölkühlung und kosmetische Details. Im übrigen blieb der 500er serienmäßig. Das kleine Auto lief 168 Stunden ununterbrochen und sammelte auf dem Monza-Kurs vom 13. bis 20. Februar 1958 sechs internationale Rekorde in der Klasse für Serienwagen von 351 bis 500 cm^3.

Auf der Woge des ersten Erfolgs wurde ein Monoposto 500 mit Rohrrahmen und aerodynamisch gestalteter Pininfarina-Karosserie erstellt. Er lief auf der Monza-Rennstrecke vom 7. September bis zum 7. Oktober 1958 und dann noch einmal am 3. Au-

Ein Fiat-Abarth 595 mit Kunststoffdach (Aufpreis werkseitig 75.000 Lire, bei nachträglichem Einbau 145.000 Lire). Der Dachaufsatz vermindert den Luftwiderstand und erhöht die Sicherheit. Carlo Abarth entwickelte ihn unter dem Eindruck des tödlichen Unfalls, den Roberto Parodi gerade erst bei der Coppa Carri in Monza an der Parabolica-Kurve erlitten hatte.

Der Fiat-Abarth 695 erbrachte nahezu die gleiche Leistung und war ebenso schnell (130 km/h) wie der 595 SS, aber bei niedrigeren Drehzahlen. 1965 kostete er 640.000 Lire, d.h. 10.000 Lire weniger als der 595 SS. Das Auto auf dem Foto hat die bildschönen Leichtmetallräder von Amadori & Campagnolo, die pro Stück 22.500 Lire Aufpreis kosteten.

gust 1959. Beim erstenmal konnten damit fünfzehn bestehende Rekorde über Distanzen von 5000 bis 25000 Meilen (8000 bis 40000 km) verbessert werden, beim zweiten Auftritt in leicht überarbeiteter Form fielen fünf Kurzstreckenrekorde.

Der Traum Carlo Abarths, den »sportlichen Kleinwagen für alle« auf Basis des Fiat 500 zu bauen, ging erst Jahre später mit der Präsentation des 595 im Sommer 1963 in Erfüllung. Abarth setzte darauf, daß die Aufgabe der Fertigung des Fiat 500 Sport eine Marktlücke hinterlassen habe, und beschloß – zumal das 500er Grundmodell nach wie vor hochaktuell war –, den Katalog durch ein Modell zu bereichern, das von seiner Konzeption her das ideale, preisgünstige, für den Motorsport geeignete Fahrzeug darstellen sollte.

Die ersten 595er wurden im Spätherbst 1963 ausgeliefert; es wurde ein Erfolg vom ersten Moment an. Nicht nur die aktiven Motorsportler kauften den Abarth, auch Leute, die ein kleines Fahrzeug mit brillanten Fahrleistungen für den täglichen Bedarf suchten. In der Tat stellte der 595 für den Stadtfahrer eine angenehme Überraschung dar. Sogar die Polizei stattete einige Präsidien für die Bekämpfung von Ta-

Das Poster von 1968 stellt die drei damals aktuellen 500er Abarth dar. Das Paket »assetto corsa« war auch für den 595 SS zu haben. Es umfaßte breitere Reifen und Felgen sowie durch die größeren Radkästen bedingte Änderungen an der Karosserie. Für die Rennmodelle (»Competizione«) von 1970 gab es Breitreifen auf 10- statt 12-Zoll-Felgen. Die Räder waren aus Stahlblech oder aus Leichtmetall; letztere waren teurer, wurden aber auch wegen ihrer geringeren Festigkeit nicht unbedingt bevorzugt.

schendiebstahl und andere spezielle Innenstadteinsätze mit dem äußerst agilen Mini-Boliden aus. Der Abarth 595 unterscheidet sich vom Fiat 500 durch das typische Markenemblem mit dem Skorpion am Bug, die Aufschriften und natürlich den stärkeren Motor, der seine verrippte Ölwanne und den berühmten Abarth-Auspuff mit zwei Endrohren bedrohlich unter dem Heck hervorschauen läßt. Die wirklichen Neuerungen gegenüber dem Original aber sind unsichtbar: die beiden in einem Stück aus Spezialguß hergestellten Zylinder, die neuen Kolben und die »schärfere« Nockenwelle. Kurbelwelle, Pleuel, Ventile und Abgasführung dagegen sind durch sorgfältiges Überarbeiten der Originalteile aufgewertet. Den höheren Ansprüchen an die Ge-

mischbildung wird ein Solex-Vergaser C 28 PBJ gerecht, und eine entsprechend ausgelegte Ölpumpe liefert das Schmiermittel an die wichtigsten Bauteile des Motors. Alle übrigen mechanischen Komponenten einschließlich der Radaufhängungen wurden unverändert übernommen, das Fahrverhalten ist das gleiche wie das (ohnehin schon gute) des Serien-500ers. Auch das Getriebe ist das des Originalmodells und zeigt angesichts des stärkeren Motors deutlich seine Grenzen, die man durch Doppelkuppeln bzw. Zwischengas umgehen kann. Neu gegenüber dem Fiat ist auch das Geräusch, das außen wie innen erheblich kräftiger geworden ist. Aber das wurde damals nicht als Manko, sondern als »sportlicher Sound« verstanden.

Im Februar 1964 erschien eine nochmals verbesserte Version des Abarth 595, die speziell für den Motorsport ausgelegt war: der 595 SS, unmittelbar vom 595 abgeleitet und mit der gleichen Mechanik ausgestattet wie dieser. Durch kleine Retuschen hatte man eine Leistungssteigerung um 5 PS (3,7 kW) er-

Ein Fiat-Giannini 500 TV in Straßenversion.

Links: Ein Prospekt aus jenen Tagen zeigt Liliana De Menna neben dem 500 TV »Montecarlo«, mit dem sie die italienische Damenmeisterschaft 1968 gewann. Die römische Firma Giannini ist bereits seit 1921 auf Sportversionen spezialisiert. Sie war schon zu Zeiten des Topolino bekannt und ist unter Leitung der Gebrüder Polverelli heute noch aktiv.

reicht. Dabei handelte es sich in erster Linie um den neuen Solex-Vergaser 34 PBIC in Verbindung mit einem Saugrohr, das mit dem Ventildeckel zusammen ein Gußstück bildete. Äußerlich bestand die deutlichste Änderung in den beiden Gummilaschen am Motordeckel, die an die Stelle des zentralen Schließgriffs traten. Dessen Loch im Deckel verschloß man mit einem emaillierten Abarth-Emblem. Alle Schriftzüge »595« wurden durch die Buchstaben »SS« ergänzt, in Großbuchstaben auf beiden Deckeln, in Kleinbuchstaben am Instrumentenbrett.

Kurze Zeit nach der Präsentation des renntauglichen 595 SS brachte Carlo Abarth den Fiat-Abarth 695 auf den Markt, der aufgrund seines größeren Hubvolumens und seiner zivileren Leistungsdaten die Rolle des sportlichen Stadtwägelchens besser zu spielen vermochte. Zwar entsprach er in PS-Zahl und Spitze etwa dem 595 SS, doch er erreichte dies durch größeren Hubraum und nicht durch hohe Drehzahlen, so daß der 695 in der Praxis elastischer und zuverlässiger war als sein eher gestreßter kleiner Bruder. Er wurde um 10.000 Lire billiger angeboten als der 595 SS, nämlich zu 640.000 gegenüber 650.000 Lire.

Das Jahr 1964 brachte aber noch eine weitere Abarth-Variante: Im November erschien der 695 SS, wiederum als Rennversion des zivilen 695. Sein Motor leistete 38 PS (28 kW) und hob (nach Werksangaben) die Spitze des kleinen Wagens auf 140 km/h an. Zusammen mit dem 695 SS kam ein spezieller Dachaufsatz aus Kunststoff auf den Markt, mit dem Abarth die Aerodynamik verbessern wollte. Der Aufbau, der unter anderem die Kopffreiheit vergrößerte, kostete 75.000 Lire Aufpreis beim Neuwagen bzw. 145.000 Lire bei nachträglichem Einbau. Der Preis des 695 SS betrug 695.000 Lire.

Es verging kein Jahr und Abarth stellte auch dem 695 SS wieder ein neues Modell zur Seite, den »695 SS assetto corsa« (Rennausrüstung). Diese im September 1965 vorgestellte Version war äußerlich sofort an den verbreiterten Radkästen und am stark negativen Sturz der Hinterräder zu erkennen. Tatsächlich waren die Spurweiten vorn von 1120 auf 1161 und hinten von 1135 auf 1175 mm vergrößert und das Fahrwerk tiefer gelegt worden. Für dieses Fahrzeug, das ab 1965 in der Tourenwagen-Kategorie homologiert wurde, gab es eine Menge neuer Rennzubehörteile, z.B. diverse Getriebe- und Achsübersetzungen, Aufhalter für den Motordeckel, radseitige Achswellengelenke sowie Scheibenbremsen (nicht homologiert). 1965 war auch das Erscheinungsjahr des Nuova 500 F, und natürlich übernahm Abarth die neue Karosserie mit den vorn angeschlagenen Türen.

Im Laufe der Zeit änderten sich die Abarth-Versionen des 500er Fiat analog zu den Serienmodellen, auf denen sie basierten, und so erhielten der 595 und der 695 die Karosserie des 500 Lusso. Ebenso wurden auch diverse Modifikationen zur Erfüllung der sich ändernden Reglements erforderlich, beispielsweise an Rädern und Radkästen. Mit der Variante »Competizione« von 1970, die es sowohl für den 595 als auch für den 695 gab, verbesserte man die Straßenlage, indem man die Spur vorn und hinten verbreiterte. Die Verwendung breiterer Felgen erforderte Änderungen an der Karosserie, um die Anbringung zusätzlicher Kotflügel aus Polyesterharz zu ermöglichen. Das Exterieur der neuen Competizione-Version von 1970 fiel durch besonders sportliche Akzente auf, etwa die roten Kotflügel, die farbige, trapezförmige Umrahmung des Markenemblems an der Frontpartie, den großen Skorpion auf dem hinteren Deckel und die wiederum roten, seitlichen Zierstreifen von Kotflügel zu Kotflügel mit dem Abarth-Signet darin.

Die Karriere der beliebten, auf dem Fiat 500 basierenden Abarth-Baureihe endete 1971, nicht etwa, um 126er-Varianten Platz zu machen, sondern aufgrund einer Vereinbarung mit dem riesigen Fiat-Konzern, durch die Carlo Abarth – wie er selbst sagte:

»...die Taschen voller Geld, aber nicht mehr Herr im eigenen Haus« – ins Abseits geriet.

Eine Ironie der Geschichte ist, daß der letzte Abarth-Katalog vom Dezember 1971 volle dreizehn vom 500 abgeleitete Modelle enthielt.

In der Tat waren bei Abarth nach dem Auslaufen der Serien 850, 1000, 1150, 1300 und 2000 fast nur noch die Versionen des 500er Fiat in Fertigung gewesen, mit einer einzigen Ausnahme: dem von Lombardi karossierten 1300 Coupé.

Ein Fiat-Giannini 500, präpariert von »Gigetto« Giraldi in Rom, bei der Coppa città di Chieti im August 1966.

Ein Trio von 500er Fiat-Gianninis bei der »Trofeo Bruno Deserti« in Imola etwa sechs Jahre später. Der deutlichste Unterschied des jüngeren gegenüber dem älteren Jahrgang sind die Leichtmetallräder, die für die Halbliterklasse erst ab 1972 homologiert wurden. Andere Differenzen bestehen in Sicherheitselementen, die das neue Reglement vorschrieb (man erkennt z.B. gerade noch den Batteriehauptschalter außen an der A-Säule beim Wagen 125). Andererseits ließen die Vorschriften auch wieder mehr Spielraum für Änderungen an der Mechanik. Die stabilen Motoren und die Geschicklichkeit der Tuner machten damals Literleistungen bis nahe an 100 PS/l (74 kW/l) möglich.

Eine der letzten Schlachten der zweizylindrigen 500er-Derivate: Ein Fiat-Giannini 590 GT erkämpft sich 1980 den Klassensieg bei der »Targa Tiber«, die hier auf der Bergpiste von Spino ausgetragen wird.

Einer der Stars am Turiner Salon 1966: der Fiat-Giannini 500 TV des italienischen Meisters 1966 Maurizio Zanetti.

Rechts: Das Cockpit eines Fiat-Giannini mit Instrumentenbrett, Lenkrad und Fahrersitz in Renntrimm.

Römische Varianten: Fiat-Giannini 500

Die Gebrüder Giannini gründeten ihr Unternehmen in Rom im Jahr 1921. Ihre Spezialität waren die Abwandlung von Serienfahrzeugen, insbesondere von Fiat-Modellen, und der Bau von Sport- und Rennwagen-Prototypen. Als der Fiat 500 erschien, war Giannini unter den ersten, die den Zweizylinder überarbeiteten, und wetteiferte darin mit Almo Bosato und Enrico Nardi.

Die Leistungssteigerungen am Fiat 500 nahmen rasch festere Formen an, und schon 1963 konnte man den 500 TV mit vollen 25 PS (18,5 kW) und einer Spitze von 120 km/h der Öffentlichkeit vorstellen.

Neben den Änderungen an der Mechanik erhielt der kleine Wagen auch solche an der Karosserie. Ein farbiger, drei Finger breiter »Rallyestreifen« zog sich, unterstrichen von Chromleisten, vom Türgriff die ganze Wagenseite entlang, die Stoßfänger besaßen Hörner und die Felgen Belüftungslöcher. Und natürlich durften ein eigener Minigrill mit dem Firmenemblem und verschiedene Beschriftungen am Wagen nicht fehlen. Bald darauf folgte der 590 GT mit der gleichen Ausstattung und einem auf 586 cm^3 vergrößerten Hubraum.

Diese beiden ersten Modelle wurden noch in relativ geringer Stückzahl gefertigt, nämlich etwa zwei pro Tag im Jahr 1963, und fast durchweg von den Käufern persönlich in der Via Tiburtina 9 in Rom abgeholt. Ab 1965 verfügte Giannini über neue Produktionsstätten und konnte mit einigen Zulieferern sowie mit der Tuningfirma Zen wichtige Übereinkünfte treffen.

Die neue Situation der Giannini Automobile S.p.A. gestattete es, die Produktion zu erweitern und die Erzeugnisse über ein enges Vertriebsnetz im ganzen Land abzusetzen. Die aktuellen Modelle der neuen Fertigung blieben der 500 TV und der 590 GT, denen jeweils eine Variante »Special« zur Seite gestellt wurde.

Eine Eigenart von Gianninis 500ern war der sparsame Einsatz von nostalgischem Chromzierat, den die Kunden noch immer erwarteten, und den der Original-500er ja seit dem F-Modell vermissen ließ. Dennoch verkauften sich die Fiat-Giannini als komplett (in Karosserie und Mechanik) überarbeitete Versionen nicht schlecht, wohingegen der sportliche Erfolg anfangs noch auf sich warten ließ. Der kam erst, als das Reglement im Hinblick auf den Tourenwagensport geändert wurde.

Infolge der neuen Vorschriften, die darauf abzielten, Tuningmöglichkeiten weitgehend zu beschneiden, ließ sich der serienmäßige Fiat 500 mangels homologierter Bauteile des Herstellers kaum mehr weiter entwickeln. Giannini hingegen mit seinem – einschließlich der rennmäßigen Komponenten – regulär homologierten Modell 500 TV besaß damit beneidenswerterweise eine Menge Material, das bestens für den Rennsport geeignet war, und das war eine gute Ausgangsposition. So konnte man z.B. die breiteren, belüfteten Räder wohl auf den 500 TV, jedoch nicht auf den Fiat 500 montieren. Für Fahrer, die Meisterschaftspunkten nachjagten, gab es praktisch gar nichts anderes als den 500 TV Special (später »Montecarlo«). Und die Rennerfolge brachten Giannini zweifellos auch kommerzielle Vorteile: Das kleinere Modell holte sich den italienischen Meistertitel, und das Werk versäumte nicht, darauf in der Werbung gebührend hinzuweisen. Das größere Giannini-Modell, der 590 GT, hatte gegen die Konkurrenten von Abarth im Rennen einen schweren Stand; erst in den letzten Jahren der 600er Tourenwagenwettbewerbe gewann es die Oberhand, als Abarths 595 schon nicht mehr serienmäßig gefertigt wurde und für ihn keine aktualisierten Bauteile mehr verfügbar waren.

Giannini entwickelte auch einen interessanten Vierzylinder-Boxer mit 700 cm^3 für den Einbau in den 500er-Motorraum. Das Projekt kam freilich nicht über das Prototypenstadium hinaus, obgleich der Motor für einige Zeit in Gianninis Prospekten zu finden war, und zwar als Triebwerk für ein spezielles 700er Coupé, das aber nie in Serie ging.

Ein anderer Abkömmling des 500 von Giannini war der »350 Economica«. In diesem Fall erlaubte die überarbeitete Mechanik trotz des auf 390 cm^3 reduzierten Hubraums noch ein ausreichendes Leistungsangebot. Diese neue Variante wurde mitten in der ersten Ölkrise vorgestellt, und ihr geringer Verbrauch war das Hauptargument für den Verkauf in Italien, wo allerdings nicht allzuviele Exemplare abgesetzt werden konnten. Giannini zielte damit jedoch in Wahrheit auf andere Märkte ab (Deutschland und Österreich), wo man den »350 Economica« mit dem alten Führerschein Klasse 4 fahren durfte, den viele hierzulande noch besaßen.

Die 500er aus Deutschland und Österreich

In den deutschsprachigen Ländern sind ausländische Autos – und das galt auch für den Fiat 500 – um so erfolgreicher, je mehr ihre wesentlichen Bauteile hiesigem Geschmack und Bedürfnissen Rechnung tragen. Das führte zur Fertigung spezieller 500er-Varianten bei mit Fiat eng verbundenen Unternehmen. Seltsamerweise konzentrierte sich NSU-Fiat in Deutschland nur auf die Karosserie, während Steyr-Daimler-Puchs österreichischer 500 sich vom Original vor allem im Motor unterschied. NSU-Fiat in Heilbronn, die nichts zu tun hatte mit NSU in Neckarsulm (wo z.B. der Prinz gebaut wurde), hatte Fiat-Automobile bereits seit den 30er Jahren montiert. Von Januar 1959 bis Februar 1963 produzierte man nun in Heilbronn mit Karosserien, die die Tochterfirma Karosseriewerk Weinsberg lieferte, insgesamt 6190 Einheiten des »NSU-Fiat Weinsberg 500«.

Dieser kleine Wagen kam in zwei Karosserieversionen heraus: als »Limousette« und als »Coupé«. Beide schienen von der Linienführung des Fiat 1800 inspiriert, der in Deutschland sehr beliebt war. Übertragen auf das winzige Halbliterauto nahmen sich die kantigen Formen des großen 1800er eher wie eine Karikatur aus, die den deutschen Käufern aber zu gefallen schien. Der wesentliche Unterschied zwischen Coupé und Limousine bestand in der Dachform. Beim ersteren fiel die Kabine nach hinten schräg ab und hatte dort nur eine einzige, sehr weit zu den Seiten herumgezogene »Panoramascheibe«, beim letzteren war sie konventionell aufgebaut, d. h. mit einer normalen, flachen Heckscheibe und zwei Seitenfenstern. Beide besaßen ein Stoffverdeck zum Öffnen und Kurbelfenster. Bis 1960 hatte der NSU-Fiat 500 Weinsberg den Originalmotor mit 479 cm^3, erhielt aber ab 1961 den des Fiat 500 D mit 499,5 cm^3. Alle Weinsberg 500 wurden in Zweifarbenlackierung ausgeführt; die neueren mit dem D-Motor waren an breiten, durchgehenden seitlichen Streifen in der Farbe des Daches erkennbar, eingefaßt von doppelten Zierleisten. Die in den ersten zwei Jahren gelieferten Exemplare hatten an dieser Stelle eine Chromleiste, die beim Hinterkotflügel ein »Z« bildete. Die Fahrleistungen des Weinsberg 500 erreichten nicht ganz diejenigen ihrer jeweiligen Fiat-Pendants, da die Weinsberger Karosserie rund 30 kg schwerer war.

Die vom Fiat 500 abgeleiteten Varianten, die von Steyr-Daimler-Puch in Wien gebaut wurden, unterschieden sich vor allem durch ihren Motor. Dieser bedingte dann auch einen geänderten Motordeckel mit anders angeordneten Luftschlitzen und eine entsprechende Luftzirkulation. Unterschiede zum Turiner 500 bestanden außerdem beim vorderen Grill, bei den Rädern und Naben und bei der Innenausstattung, wo zuerst der Tachometer auffiel, dessen Zeiger gegen den Uhrzeigersinn lief. Der Motor des Steyr-Puch 500 war ein luftgekühlter Zweizylinder-

Das Foto zeigt übereinander die beiden Varianten »Limousette« und »Coupé«, hergestellt von NSU-Fiat in Heilbronn von 1959 bis 1963. Insgesamt produzierte die Firma von dieser deutschen 500er-Version 6190 Einheiten, deren Listenpreis (für beide Karosserietypen) anfangs 3990 und ab 1961 nur mehr 3640 Mark betrug. Die beiden Karosserien mit dem Stoffverdeck zum Öffnen fertigte das zum Fiat-Konzern gehörende Karosseriewerk Weinsberg. Das Auto soll ganz besonders dem deutschen Geschmack entsprochen haben und wurde nie exportiert. Nachdem die Turiner ihren Motor aktualisiert und von 479 auf 499,5 cm³ aufgebohrt hatten, übernahm ihn auch die deutsche Tochtergesellschaft und führte gleichzeitig einige leichte Retuschen an der Karosserie ein. Die beiden Autos auf dem Foto entstammen der neueren Bauserie, erkennbar an den durchgehenden Streifen in der Farbe des Daches. Bei früheren Exemplaren war die Gürtellinie durch einfache Chromleisten markiert, die beim hinteren Kotflügel ein »Z« bildeten.

Boxer mit einer interessanten Ventilsteuerung. Die Nockenwelle war zentral angeordnet und betätigte die in dem besonders günstig geformten Brennraum V-förmig angestellten Ventile über einen genialen Mechanismus. Dieser Puch-Motor war mit den Hubvolumen 493 und 643 cm³ erhältlich; daher lauteten die Modellbezeichnungen entsprechend »500 D« und »650 T«. Der größere von beiden diente – mit leicht angehobener Leistung und an die knappen Platzverhältnisse angepaßt – auch als Antrieb für die

Links: Die österreichischen Fiat-500-Versionen von Steyr-Daimler-Puch wurden in Italien durch ihre Teilnahme an Rennveranstaltungen bekannt. Hier der 500 D in einer Aufnahme aus dem Jahr 1963 nach seiner Zieldurchfahrt beim Bergrennen Garessio – Großer St. Bernhard.

Rechts: Ein Steyr-Puch 650 beim Gedächtnisrennen Cividale – Castelmonte. Die österreichische Firma verwendete einen Zweizylinder-Boxer, der etwas mehr leistete als der Original-Twin aus Turin und auch leichter zu präparieren war als dieser. Deshalb zog man dieses Triebwerk besonders gern für Rennzwecke heran. Nach einem Proteststreik der italienischen Fahrer von 1964 änderte man das nationale Reglement und verbannte die Steyr-Puch von den Rennpisten.

österreichische Kombiversion des Fiat 500 mit ihren beiden Varianten 700 C und 700 E. Der Unterschied zwischen diesen Varianten bestand nur in den Getriebeübersetzungen und Reifenabmessungen.

Die Karosserien der Steyr-Puch-Zwerge machten jeweils die Änderungen der italienischen Vorbilder mit, so daß die Limousine ab 1965 mit vorn statt hinten angeschlagenen Türen erschien. Nur für dieses Wiener Modell wurde dann auch ein Klappverdeck entwickelt, das hinten die Kopffreiheit verbessern sollte. Die Dachkonstruktion half sogar noch den Luftwiderstand ein wenig zu verringern, eine Idee, die Abarth dazu anregte, für seine Typen 595 und 695 etwas Ähnliches als Extra anzubieten, das allerdings nicht die gleichen eleganten Proportionen aufwies wie das Steyr-Puch-Konzept. Durch seine Sporterfolge wurde der Steyr-Puch 500 bald in Italien bekannt. Anfangs mit deutschsprachigen Fahrern im Cockpit bei Rennen wie dem Bozen-Mendel, dann immer öfter auch bei anderen Veranstaltungen zu sehen, sammelte das schnelle Miniauto bald eine Menge Lorbeer. Die österreichischen Motoren eigneten sich recht gut für Tuningzwecke. Schließlich aber verbannte das Reglement die Wiener Autos von den italienischen Pisten, weil sie nicht regulär nach Italien importiert wurden.

Ratschläge für den Oldtimer-Freund

In gut gepflegtem Zustand ist der Fiat 500 noch heute als Stadtwagen für den Alltagsbetrieb ein nettes kleines Verkehrsmittel. Sein ärgster Feind ist der Rost, der auch wichtige, tragende Karosserieteile relativ leicht befällt. Mit der Mechanik gibt es dagegen kaum Probleme; viele Ersatzteile sind – wenigstens in Italien – noch heute über das Händlernetz und oft auch auf dem Autofriedhof erhältlich. Bevor Sie jedoch beschließen, einen Nuova 500 als Oldtimer zu erwerben oder das eigene alte Auto zu restaurieren, sollten Sie es genau unter die Lupe nehmen, denn es könnte vorteilhafter für Sie sein, sich doch für ein jüngeres Modell zu entscheiden.

Der 500 stellt – mit Ausnahme einiger spezieller Versionen – heute noch keine Rarität dar, so daß man beim Kauf noch wählerisch sein kann. Wenn es sich nicht gerade um ein ganz ausgefallenes Modell handelt, sollten Sie es vermeiden, sich mit einer »Rostlaube« herumzuschlagen oder mit einem Wagen, dessen Antrieb und Fahrwerk nichts mehr taugen, weil dann häufig die Instandsetzung mehr kostet als das Auto wert ist.

Sucht man seinen »Oldie« in einer Großstadt, muß man damit rechnen, daß seine Mechanik unter den Strapazen des ständigen Kurzstreckenverkehrs über Gebühr gelitten hat. Besser suchen wir den 500er in einer ländlichen Gegend, wo das Leben auch für Autos weniger anstrengend ist.

Ein gut erhaltener Nuova 500 kostet (nach Angaben des italienischen Autors und dem Preisstand von 1992) von etwa tausend Mark für die Modelle F und L bis zum Zehnfachen für einen der kaum mehr auffindbaren 500 Sport mit Stahldach; vielleicht etwas weniger zahlt man für den Sport mit Stoffverdeck. Gesucht sind auch die wenigen Überlebenden aus der ersten Serie mit festen Türscheiben sowie der bis 1960 gebaute Trasformabile. Für ein gut erhaltenes Exemplar dieser Raritäten muß man bis zu fünftausend, für einen 500 D etwa zweitausend Mark berappen. In Zukunft dürften solche Autos, gemessen

Ein in Frankreich zum Verkauf stehender, einigermaßen instandgesetzter Fiat 500. Sein Preis dürfte nicht über tausend Mark liegen, während ein D-Modell in gutem Zustand das Doppelte wert ist. Ein ganz anderes Kapitel sind dagegen die äußerst selten gewordenen 500 Sport.

Der 500er Fiat ist auch im Ausland, besonders in den Niederlanden, Frankreich und Japan ein gesuchter Oldtimer. In der Vergangenheit hatte der italienische Markt wahre Raubzüge nach gut erhaltenen 500ern und entsprechend kletternde Preise erlebt. Heute ist die Lage ruhiger geworden, und der Interessent kann wieder höhere Ansprüche stellen. Modelle mit wirklichem Sammlerwert gibt es nur wenige, und nur für diese werden namhafte Preise bezahlt. In allen übrigen Fällen sollte man aufpassen, daß die Instandsetzungskosten den Wert des ins Auge gefaßten Objekts nicht überschreiten.

an Preisen für andere Liebhaber- und Sammlerstücke, nicht überproportional im Wert steigen. Ein Vergleich dieser Zahlen mit den veranschlagten Kosten einer beabsichtigten Restauration zeigt Ihnen im Einzelfall, in welcher Richtung Sie am besten gehen sollten. Aber vielfach trifft der echte Sammler solche Entscheidungen ja mehr mit dem Herzen als mit dem Taschenrechner. Für manch einen stellt »sein« Nuova 500 einen ideellen Wert dar, der nicht in banalen Zahlen ausdrückbar ist. Ihm muß man zugestehen, daß er etwas mehr für die Überholung ausgibt, nur sollte das auf dem Boden der Realität bleiben.

Die Rostanfälligkeit der 500er Karosserie ist übrigens nicht von den gefahrenen Kilometern abhängig. Bereiche, in denen eine besonders genaue Prüfung angezeigt ist, sind die Radkästen, die Türschweller, die Bodenbleche unter den Sitzen und die Sitzschienen selbst. An den Verbindungsstellen zwischen diesen Bauteilen setzt sich der Rost ganz besonders gern fest. Die Ersatzteillieferanten bieten passendes Ausbesserungsmaterial an, doch die In-

standsetzung selbst kann sehr kostspielig sein. Auch die Nachlässigkeit des Besitzers kann zu erhöhter Korrosion geführt haben. Wurden kleine Kratzer oder Parkschäden nicht umgehend ausgebessert, war der Rostfraß vorprogrammiert.

Eines der am stärksten der Alterung ausgesetzten Teile ist die Bugschürze (Frontverkleidung). Aber Vorsicht, wenn es um ihren Ersatz geht! Heute bekommt man als Ersatzteile nur noch die Ausführungen L und R, die in der Mitte keinen Durchbruch mehr für die Hupe haben, dafür aber im unteren Teil Löcher zur Befestigung der Stoßfängerverstärkung. Muß man eine solche Bugschürze für einen Wagen nehmen, der älter ist als das Modell L, empfiehlt es sich, den Durchbruch und die Hupenhalterung von einem Fachmann sauber einarbeiten zu lassen. Beim Einbau der Frontverkleidung ist darauf zu achten, daß die »Naht« zwischen ihr und den angrenzenden Kotflügeln im Original eine deutlich sichtbare senkrechte Fuge gebildet hat. Verzichten Sie also darauf, diese Fugen zuzuspachteln, und lassen Sie sich auch

Die Sport-Versionen, besonders die von Abarth getunten, sind die attraktivsten, teuersten und gesuchtesten unter den 500ern. Die Aufgabe, ein solches Fahrzeug zu restaurieren, ist überaus kompliziert, weil gerade die interessantesten von ihnen eine ausgedehnte Rennkarriere hinter sich haben, in deren Verlauf die ursprüngliche Charakteristik immer wieder abgewandelt wurde. Außer durch Änderungen des Reglements und durch Rennunfälle sind viele dieser Wagen auch dadurch »ausgemustert« worden, daß wenig geübte Fahrer, die nichts vom Sammlerwert wußten, sie in »Slalomrennen« zu Bruch fuhren. Die Beschaffung mancher Ersatzteile ist sehr schwierig, ebenso wie die Orientierung im Dschungel der Reglements, wenn man den Zustand zum Zeitpunkt der Fertigung exakt rekonstruieren will. Hüten Sie sich vor Produkten von Nachahmerfirmen, die vielfach in schlechter Qualität oder mit Konstruktionsfehlern angeboten werden. Am besten nehmen Sie bei dieser diffizilen Arbeit die Hilfe von Fachleuten oder einem Oldtimer-Club in Anspruch.

nicht dazu hinreißen, Schweller oder äußere Teile der Radkästen mit Schutz- bzw. Antidröhn-Anstrichen zu versehen, die am Ende noch farblich von der Karosse abweichen: Das Gebot der Originaltreue gilt auch für einen Kleinwagen!

Lenkräder, Scheiben, Zierleisten, Radkappen, Innenbezüge und Bugschürze zählen zu den Komponenten, die bei der Restauration des 500 am häufigsten durch Teile eines späteren oder früheren Baujahrs anstelle des Originals ersetzt werden. Geben Sie nicht auf, wenn Sie das richtige Teil nicht gleich finden. Mit etwas Geduld und Spürsinn dürfte es Ihnen möglich sein, den 500er ganz genau seinem Baujahr entsprechend auszustatten, wodurch er gewiß wertvoller und für Sammler attraktiver sein wird als eine nicht authentische Nachbildung des Originals.

Im mechanischen Bereich hat der 500 nur wenige Schwachpunkte. Sein größter Nachteil ist paradoxerweise wohl, daß er immer »da ist«, immer läuft. Seine Unverwüstlichkeit führte bei vielen dazu, daß sie Wartung und Pflege völlig vernachlässigten. So können sich Spurstangengelenke und Vorderachsteile, wenn sie nicht regelmäßig abgeschmiert werden, so festfressen, daß das Fahren sehr unangenehm oder gar gefährlich werden kann. Auch die vordere Federung ist leicht unterdimensioniert für den, der den 500er etwas ruppig behandelt.

Probleme im Hinterachsbereich kann es vor allem mit den Antriebsgelenken geben, in denen sich Staub und Schmutz ablagern, die den Verschleiß beschleunigen. Erst beim 500 R wurde die Schwachstelle durch kürzere, verstärkte und praktisch unverwüstliche Achswellen beseitigt. Will man diese kräftigeren Antriebswellen vom R verwenden, muß man einige wenige ab 1965 eingeführte Änderungen ebenfalls übernehmen, so auch die ab R-Modell verwendeten Längslenker. Eine weitere Maßnahme zur Schonung der Antriebsgelenke wäre der Einbau der Kupplungsscheibe vom Typ 850, die gleich groß wie die des 500 ist, deren (mit Schraubenfedern) gedämpfte Nabe aber die Stöße auf den Antrieb mildert.

Der Motor des 500ers läßt vergessen, daß es Autowerkstätten gibt. Trotzdem oder gerade deshalb kann es größere Schwierigkeiten geben, wenn sein Besitzer ihn vernachlässigt. Der zu nahe am Auspuff montierte Kondensator leidet unter der Hitze, besonders wenn das Abschirmblech (mit zwei Schrauben am Schalldämpfer) fehlt. Der Kondensator kostet ein paar Mark, doch wenn er durchgebrannt ist, bleibt das Auto stehen. Am besten sollte man immer einen neuen dabeihaben.

Ein anderes, häufig auftretendes Problem ist das selbsttätige Lösen der Anlasser-Befestigungsschrauben infolge heftiger Schwingungen, wodurch schließlich die ganze Halterung abbrechen kann. Bei den ersten 500ern hatte man den Anlasser an zwei Punkten befestigt, die späteren Modelle erhielten noch eine dritte Schraube. Sie alle sind sehr schwer zugänglich, aber es lohnt sich, sie von Zeit zu Zeit nachzuziehen.

Auch die Muttern, die den Vergaser am Saugrohr halten, können sich leicht lösen und den Motorlauf beeinträchtigen oder gar zum Vergaserbrand führen. Ganz allgemein kann es also nicht schaden, alle Schrauben und Muttern an wichtigen Stellen auf festen Sitz zu prüfen. Apropos Brandgefahr: Nicht selten konnte man brennende Fiat 500 sehen, die wegen ganz banaler Undichtheit der alten, brüchig gewordenen Benzinschläuche Feuer gefangen hatten. Ein vorsorglich montierter, neuer armierter Gummischlauch könnte diese Gefahr schon im Vorfeld abwenden.

Was ebenfalls häufig passiert, ist, daß der Ölpeilstab sich losschüttelt und eine Menge Öl herausgedrückt wird; für den Motor kann das sehr ernste Folgen haben. Dieser Schaden macht sich durch den Geruch von verbranntem Öl im Wagen und durch weißen Auspuffqualm bemerkbar, wie auch durch eine völlig ölverschmierte Motorhaube. Der in die Führung hineingedrückte Peilstab wird in seiner Lage dadurch festgehalten, daß sich sein vorderes Ende wie eine Blattfeder im Führungsrohr spreizt. Er kann herausrutschen, wenn die Spreizwirkung nachläßt. In diesem Fall hilft man sich durch leichtes Nachbiegen des geformten unteren Endes, oder besser noch mit einem neuen Peilstab.

Zu guter Letzt sei noch auf den Keilriemen für das Kühlgebläse hingewiesen. Wenn er reißt, sieht man das am Aufleuchten der Kontrollampe für die Lichtmaschine, auf deren Welle ja das Gebläserad sitzt. In diesem Fall muß man sofort anhalten; denn in dem kleinen luftgekühlten Motor würden nach wenigen hundert Metern ohne Kühlung die Kolben festgehen. Das Auswechseln des Keilriemens ist einfach; wer klug ist, hat immer einen neuen in Reserve.

Die Erben: 126, Panda und »Cinquecento«

Im Jahr 1972 gab der Fiat 126 eine moderne Antwort auf die veränderten Verkehrsverhältnisse und auf neue technische Trends, ohne sich allzusehr von der Basis, dem Nuova 500, zu entfernen. Der Erfolg des 126 war denn auch die beste Bestätigung für die Gültigkeit des jahrzehntealten Konzepts.

Die Bezeichnung 126 hatte keinen Bezug mehr auf das Hubvolumen, sie folgte vielmehr einer neuen Bezeichnungsart, die Fiat schon mit dem 124 eingeführt hatte.

Die Turiner Neuschöpfung mit ihren nahezu 600 cm³ Hubraum setzte neue Maßstäbe für den italienischen Kleinwagen, für Sparsamkeit, Robustheit und Straßentauglichkeit. Stufenweise an Mechanik und Karosserie weiter entwickelt, hat diese gelungene Konzeption sogar bis in unsere Tage überleben können.

Zu den wesentlichen Stylingänderungen zählen die neu in Polyester gestalteten, großen Stoßfänger, die beim Parken weniger empfindlich sind, und die Ladetür im Heck. An der Mechanik sind vor allem die Hubraumvergrößerungen zu erwähnen, deren erste für eine neue Bezeichnung des Zweizylinders sorgte: 126 650 (genau waren es 652 cm³). Mit dem größeren Volumen leistete der Motor jetzt 24 PS (17,7 kW). Nachdem die Montagebänder nach Polen verlegt worden waren, folgte 1987 eine zweite Anhebung auf 704 cm³. Das nunmehr in der Fremde gefertigte Produkt nannte sich »126 Bis«, hatte 25 PS (18,4 kW) und war wesentlich elastischer geworden. Diese letzte Version des klassischen Fiat-Zweizylinders war besonders interessant, weil in ihr die Flachbauweise des »Giardiniera«-Antriebs ihre Renaissance erlebte – jetzt aber mit Wasserkühlung. Freilich handelt es sich bei dem Motor konstruktiv um eine völlige Neuausgabe. Kurbelgehäuse und Zylinder bilden zusammen ein Aluminumgußteil. Der Kopf ist neu ausgelegt für die Wasserkühlung, die Brennraumform erlaubt starke Verwirbelung zur Ver-

Der Fiat 126, konzipiert in Anlehnung an Fiats Sicherheitsauto, wurde anfangs parallel zum 500 angeboten, bis er ihn ganz ablöste. Die Mechanik übernahm er fast unverändert vom Vorgänger. Im Laufe seiner Produktion (in den letzten Jahren bei FSO in Polen) erlebte er einige Hubraumvergrößerungen, deren letzte mit einer Umkonstruktion einherging: liegende Zylinder wie beim Kombi und wassergekühlter Zylinderkopf.

Links: Der Panda 30 verwendet den bewährten Zweizylinder des 500 in einer weiterentwickelten Version, der aber immer noch dem Original von 1957 vergleichbar ist.

Rechts: Die Zukunft hat einen jahrzehntealten Kern: Unter der Haube des »Cinquecento ED«, der Fiat seine Position auf den schwierigen Märkten der 90er Jahre erhalten soll, schlägt ein »Herz«, das in direkter Linie auf den Motor des Nuova 500 zurückgeht. Der liegende Zweizylinder leistet 31 PS (23 kW) bei sehr geringem Verbrauch und mit einer Drehmomentkurve, die man auf besonders angenehme Fahrbarkeit im Stadtverkehr ausgelegt hat.

besserung der Gemischbildung, d.h. größere Sparsamkeit bei höheren Fahrleistungen.

Der alte, luftgekühlte Twin mit den stehenden Zylindern motorisierte für einige Zeit den in Italien gefertigten Panda 30 mit Frontantrieb. Aus den Erfahrungen mit ihm und mit dem wassergekühlten 126 Bis ging Ende 1991 der »Cinquecento« hervor (Cinquecento bedeutet 500). In dem neuen Kleinwagen vereinigen sich Frontantrieb und Wasserkühlung mit all den guten Eigenschaften des alten Nuova 500, unterstützt von einigen weiterentwickelten Komponenten wie den Hydraulik-Ventilstößeln und der über Mikroprozessoren geregelten elektronischen Zündanlage.

Der Cinquecento wird – inzwischen ebenfalls in Polen – mit zweierlei Motoren, einem Vier- und einem Zweizylinder hergestellt. Nur der letztere mit dem Zusatz »ED« ist ein Nachkomme des traditionsreichen Nuova 500. Die Ingenieure haben sich bei der Überarbeitung dieses hochmodernen Mini-Triebwerks mit dem über dreißig Jahre alten Grundkonzept mehr auf Elastizität als auf Leistungen und Drehzahlen konzentriert. Der Zweizylinder des Cinquecento ED leistet 31 PS (23 kW) bei 5000/min, und das reicht für eine mehr als angemessene Spitze bei unglaublich geringen Verbrauchswerten. Das Drehmoment ist deutlich gestiegen und verleiht dem kleinen Fiat ein so seiden-weiches Fahrgefühl, wie man es von keinem seiner Konkurrenten – einschließlich der japanischen – kennt.

Der Cinquecento wartet mit einem wirklich geräumigen Innenraum auf, zu dem die wohlproportionierte, modern gestylte Außenform gut paßt. Seine ästhetischen, mechanischen und funktionellen Eigenschaften machen aus ihm den idealen kleinen Flitzer für Fahrten sowohl innerhalb als auch außerhalb der Stadtgrenzen. Wird sich die Geschichte des Nuova 500 noch einmal wiederholen? Man könnte es fast glauben ...

Anhang

Baujahre und Erkennungsmerkmale

1957 (August) – Erste Bauserie

Durchgehendes Stoffverdeck; keine hintere Sitzbank; feste Seitenscheiben; keine Zierleisten und Radkappen; Blinkerschalter am Instrumentenbrett; Bosch-Zündschloß kombiniert mit Licht-/Abblendschalter; pilzförmiger Schalthebelknopf; Hupenknopf ähnlich dem des Fiat 600, jedoch kleiner; dünne Achswellen.

1957 (Oktober) – Version »Normale«

Kurbelfenster in den Türen; hintere Notsitze; Schwellerleisten; Chrom-Radkappen; Scheinwerfer-Chromringe; Zierleisten seitlich in Höhe der Gürtellinie und auf dem vorderen Deckel; Schriftzug »Nuova 500« in blankem Aluminium auf dem Motordeckel; Lenksäulenschalter für Blinker und für das Auf- und Abblenden; neu gestyltes Lenkrad; Zündschloß mit Sicherheitsschlüssel; neuer Hupenknopf; neuer Schaltknopf; Arretierung der Ausstellfenster; Motor mit 15 PS (11 kW).

Version »Economica« wird ab Dezember 1957 parallel im alten Outfit, aber mit dem stärkeren Motor angeboten.

1958 (September) – Version »Sport«

Sehr begrenzte Stückzahl mit Ganzstahldach (3 Sicken); Sport-Motor Typ 110.004 mit 21 PS (15,5 kW); Lackierung nur in Weiß mit breiten roten Seitenstreifen und roten Rädern.

1958 (Oktober) – Version »Normale«

Änderungen an Lenkung und Luftfilter.

1959 (März) – Versionen »500 t.a.« und »Sport« (t.a. = tetto apribile = Dach zum Öffnen)

Dachausschnitt mit Stoffverdeck nur noch bis Wagenmitte; erhöhte Kopffreiheit hinten durch Änderungen an Dach und Wagenboden; hinten seitlich Kopfpolster; Hinterachse verstärkt.

1959 (Oktober) – Version »trasformabile«

Diese Variante mit dem alten, durchgehenden Stoffverdeck ersetzt für kurze Zeit den im März ausgelaufenen Normale.

1959 (Oktober) – Versionen »500 t.a.« und »Sport«

Felgen grau-metallic (statt cremegelb bzw. rot); Positionslampen vorn unter Scheinwerfern (Wegfall der Fußraumbelüftung); Rückleuchten entsprechend dem

1960er Fiat 600; Leistung erhöht auf 16,5 PS (12 kW).

1960 (Oktober) – Version »500 D« (Version »Sport« läuft aus)

Neue Version mit Stoffverdeck wie t.a.; Hubraum auf 499,5 cm³ und Leistung auf 18 PS (13 kW) erhöht; Rücksitzlehne vorklappbar; Tank vom Fiat 600 auf linke Seite verlegt.

1961 (März) – Version »500 D«

Serienmäßig jetzt Scheibenwaschanlage, Ascher, gepolsterte Sonnenblenden und Türkontaktschalter für Innenbeleuchtung;
geänderte Handhebel auf dem Tunnel für Shoke und Anlasser.

1964 – Version »500 D«

Vordere Blattfeder mit sechs statt fünf Lagen; Wischerrückstellung automatisch.

1965 – Version »500 F« (110 F)

Türen vorn statt hinten angeschlagen; Glasflächen vergrößert; Zierleisten entfallen;vergrößerter Tankinhalt; Tachoskala auf 120 km/h erweitert.

1966 – Version »500 F«

Kennzeichenleuchte in Kunststoff (statt Aluminium); Motorraumbelüftung geändert; Markenemblem vorn und Minigrill einteilig.

1968 – Version »500 L« (»Lusso« = Luxus)

Verchromte Verstärkungselemente an beiden Stoßfängern; Zierleisten an Dachtraufen, Windschutz- und Heckscheiben; neue Radkappenform; serienmäßig Gürtelreifen; »Sport«-Lenkrad mit schwarzen Metallspeichen; Instrumententräger vom Typ 850; neue Innenbezüge; Ablagefächer auf dem Tunnel und (aus steifem Material) an den Türverkleidungen; Klapplehnen an Vordersitzen; neuer Schriftzug auf dem Motordeckel.

1969 – Versionen »500 L« und »500 F«

Neues Monogramm »Fiat 500« (statt »Nuova 500«) auf dem Motordeckel.

1970 – Version »500 L« und »500 F«

Lenkschloß, kombiniert mit dem Zünd-Anlaßschloß, links an der Lenksäule.

1972 – Version »500 R«

Zierleisten entfallen; Sitzbezüge einfarbig; feste Rücksitzlehne; Räder entsprechend Fiat 126; schwarzes Lenkrad und Instrumententräger; Frontverkleidung ohne zentralen Durchbruch, mit Markenzeichen in Rautenform; Antriebswellen verstärkt; Motor 126 A5.000.

Technische Daten der 500er-Varianten

NUOVA 500

MOTOR
Zahl und Anordnung der Zylinder	stehender Reihen-2-Zylinder im Heck
Bohrung x Hub	66 x 70 mm
Hubvolumen gesamt	479 cm^3
Leistung bei Drehzahl	13,5 PS (9,9 kW) bei 4000/min
Verdichtung	6,55:1
Steuerung	Stoßstangen/Kipphebel; Steuerkette
Zündung	Batterie; Spule; Unterbrecher
Elektrische Anlage	12 Volt; Batterie 32 Ah
Kraftstoffversorgung	1 Weber-Fallstromvergaser 26 IMB
Schmierung	Zahnradölpumpe; Fliehkraft-Ölfilter
Kühlung	Gebläse-Luftkühlung

FAHRWERK UND KRAFTÜBERTRAGUNG
Kupplung	Einscheiben-trocken, ungedämpft
Getriebe	Vier- + R-Gang; Mittelschalthebel
Achsübersetzung	8:41
Antrieb	auf die Hinterräder
Hinterachse	Einzelradfederung; Dreiecksschräglenker und Schraubenfedern
Vorderachse	Einzelradfederung; Dreieckslenker oben; Querblattfeder unten
Stoßdämpfer	Öl-Teleskopdämpfer vorn und hinten
Räder und Reifen	Stahlscheibenräder ohne Durchbrüche; Bereifung 125 x 12 vorn und hinten
Bremsen	hydraulische Trommelbremse rundum; Handbremse mit Seilzug auf Hinterräder
Lenkung	Spindellenkung

RAHMEN UND ABMESSUNGEN
Bauweise	selbsttragende Stahlblechkarosserie
Gewicht voll beladen	680 kg
Radstand	1840 mm
Spurweiten	vorn 1121 mm; hinten 1135 mm
Höhe über alles	1325 mm
Länge über alles	2970 mm
Breite über alles	1320 mm

FAHRLEISTUNGEN UND PREIS
Höchstgeschwindigkeit	85 km/h
Kraftstoffverbrauch	ca. 4,5 l/100 km
Listenpreis ital.Lire (1957)	490.000

NUOVA 500 ECONOMICA/NORMALE

MOTOR
Zahl und Anordnung der Zylinder	stehender Reihen-2-Zylinder im Heck
Bohrung x Hub	66 x 70 mm
Hubvolumen gesamt	479 cm^3
Leistung bei Drehzahl	15 (16,5) PS (11 bzw.12 kW) bei 4000/min
Verdichtung	6,55:1 (7:1)
Steuerung	Stoßstangen/Kipphebel; Steuerkette
Zündung	Batterie; Spule; Unterbrecher
Elektrische Anlage	12 Volt; Batterie 32 Ah
Kraftstoffversorgung	1 Weber-Fallstromvergaser 26 IMB
Schmierung	Zahnradölpumpe; Fliehkraft-Ölfilter
Kühlung	Gebläse-Luftkühlung

FAHRWERK UND KRAFTÜBERTRAGUNG
Kupplung	Einscheiben-trocken, ungedämpft
Getriebe	Vier- + R-Gang; Mittelschalthebel
Achsübersetzung	8:41
Antrieb	auf die Hinterräder
Hinterachse	Einzelradfederung; Dreiecksschräglenker und Schraubenfedern
Vorderachse	Einzelradfederung; Dreieckslenker oben; Querblattfeder unten
Stoßdämpfer	Öl-Teleskopdämpfer vorn und hinten
Räder und Reifen	Stahlscheibenräder ohne Durchbrüche; Bereifung 125 x 12 vorn und hinten

Bremsen	hydraulische Trommelbremse rundum; Handbremse mit Seilzug auf Hinterräder
Lenkung	Spindellenkung

RAHMEN UND ABMESSUNGEN

Bauweise	selbsttragende Stahlblechkarosserie
Gewicht voll beladen	680 kg
Radstand	1840 mm
Spurweiten	vorn 1121 mm; hinten 1135 mm
Höhe über alles	1325 mm
Länge über alles	2970 mm
Breite über alles	1320 mm

FAHRLEISTUNGEN UND PREIS

Höchstgeschwindigkeit	85 km/h
Kraftstoffverbrauch	ca. 4,5 l/100 km
Listenpreis ital.Lire (1957)	Economica 465.000; Normale 490.000

NUOVA 500 TRASFORMABILE

MOTOR

Zahl und Anordnung der Zylinder	stehender Reihen-2-Zylinder im Heck
Bohrung x Hub	66 x 70 mm
Hubvolumen gesamt	479 cm^3
Leistung bei Drehzahl	16,5 PS (12 kW) bei 4000/min
Verdichtung	7:1
Steuerung	Stoßstangen/Kipphebel; Steuerkette
Zündung	Batterie; Spule; Unterbrecher
Elektrische Anlage	12 Volt; Batterie 32 Ah
Kraftstoffversorgung	1 Weber-Fallstromvergaser 26 IMB 1
Schmierung	Zahnradölpumpe; Fliehkraft-Ölfilter
Kühlung	Gebläse-Luftkühlung

FAHRWERK UND KRAFTÜBERTRAGUNG

Kupplung	Einscheiben-trocken
Getriebe	Vier- + R-Gang
Achsübersetzung	8:41
Antrieb	auf die Hinterräder
Hinterachse	Einzelradfederung; Dreiecksschräglenker und Schraubenfedern

Vorderachse	Einzelradfederung; Dreieckslenker oben; Querblattfeder unten
Stoßdämpfer	Öl-Teleskopdämpfer vorn und hinten
Räder und Reifen	Stahlscheibenräder ohne Durchbrüche; Bereifung 125 x 12 vorn und hinten
Bremsen	hydraulische Trommelbremse rundum; Handbremse mit Seilzug auf Hinterräder
Lenkung	Spindellenkung

RAHMEN UND ABMESSUNGEN

Bauweise	selbsttragende Stahlblechkarosserie
Gewicht voll beladen	680 kg
Radstand	1840 mm
Spurweiten	vorn 1121 mm; hinten 1135 mm
Höhe über alles	1325 mm
Länge über alles	2970 mm
Breite über alles	1320 mm

FAHRLEISTUNGEN UND PREIS

Höchstgeschwindigkeit	85 km/h
Kraftstoffverbrauch	ca. 4,5 l/100 km
Listenpreis ital.Lire (1959)	490.000 (1960: 395.000)

NUOVA 500 SPORT

MOTOR

Zahl und Anordnung der Zylinder	stehender Reihen-2-Zylinder im Heck
Bohrung x Hub	67,4 x 70 mm
Hubvolumen gesamt	499,5 cm^3
Leistung bei Drehzahl	21,5 PS (16 kW) bei 4600/min
Verdichtung	8,6:1
Steuerung	Stoßstangen/Kipphebel; Steuerkette
Zündung	Batterie; Spule; Unterbrecher
Elektrische Anlage	12 Volt; Batterie 32 Ah
Kraftstoffversorgung	1 Weber-Fallstromvergaser 26 IMB 2
Schmierung	Zahnradölpumpe; Fliehkraft-Ölfilter
Kühlung	Gebläse-Luftkühlung

FAHRWERK UND KRAFTÜBERTRAGUNG

Kupplung	Einscheiben-trocken

Getriebe	Vier- + R-Gang
Achsübersetzung	8:39
Antrieb	auf die Hinterräder
Hinterachse	Einzelradfederung; Dreiecksschräglenker und Schraubenfedern
Vorderachse	Einzelradfederung; Dreieckslenker oben; Querblattfeder unten
Stoßdämpfer	Öl-Teleskopdämpfer vorn und hinten
Räder und Reifen	Stahlscheibenräder ohne Durchbrüche; Bereifung 125 x 12 vorn und hinten
Bremsen	hydraulische Trommelbremse rundum; Handbremse mit Seilzug auf Hinterräder
Lenkung	Spindellenkung

RAHMEN UND ABMESSUNGEN

Bauweise	selbsttragende Stahlblechkarosserie
Gewicht voll beladen	720 kg
Radstand	1840 mm
Spurweiten	vorn 1121 mm; hinten 1135 mm
Höhe über alles	1325 mm
Länge über alles	2970 mm
Breite über alles	1320 mm

FAHRLEISTUNGEN UND PREIS

Höchstgeschwindigkeit	über 105 km/h
Kraftstoffverbrauch	ca. 4,8 l/100 km
Listenpreis ital.Lire (1958)	560.000

NUOVA 500 SPORT – TETTO APRIBILE

MOTOR

Zahl und Anordnung der Zylinder	stehender Reihen-2-Zylinder im Heck
Bohrung x Hub	67,4 x 70 mm
Hubvolumen gesamt	499,5 cm^3
Leistung bei Drehzahl	21,5 PS (16 kW) bei 4600/min
Verdichtung	8,6:1
Steuerung	Stoßstangen/Kipphebel; Steuerkette
Zündung	Batterie; Spule; Unterbrecher
Elektrische Anlage	12 Volt; Batterie 32 Ah
Kraftstoffversorgung	1 Weber-Fallstromvergaser 26 IMB 2
Schmierung	Zahnradölpumpe; Fliehkraft-Ölfilter
Kühlung	Gebläse-Luftkühlung

FAHRWERK UND KRAFTÜBERTRAGUNG
Kupplung	Einscheiben-trocken
Getriebe	Vier- + R-Gang
Achsübersetzung	8:39
Antrieb	auf die Hinterräder
Hinterachse	Einzelradfederung; Dreiecksschräglenker und Schraubenfedern
Vorderachse	Einzelradfederung; Dreieckslenker oben; Querblattfeder unten
Stoßdämpfer	Öl-Teleskopdämpfer vorn und hinten
Räder und Reifen	Stahlscheibenräder ohne Durchbrüche; Bereifung 125 x 12 vorn und hinten
Bremsen	hydraulische Trommelbremse rundum; Handbremse mit Seilzug auf Hinterräder
Lenkung	Spindellenkung

RAHMEN UND ABMESSUNGEN
Bauweise	selbsttragende Stahlblechkarosserie
Gewicht voll beladen	720 kg
Radstand	1840 mm
Spurweiten	vorn 1121 mm; hinten 1135 mm
Höhe über alles	1325 mm
Länge über alles	2970 mm
Breite über alles	1320 mm

FAHRLEISTUNGEN UND PREIS
Höchstgeschwindigkeit	über 105 km/h
Kraftstoffverbrauch	ca. 4,8 l/100 km
Listenpreis ital.Lire (1959)	495.000

NUOVA 500 TETTO APRIBILE

MOTOR
Zahl und Anordnung der Zylinder	stehender Reihen-2-Zylinder im Heck
Bohrung x Hub	66 x 70 mm
Hubvolumen gesamt	479 cm^3
Leistung bei Drehzahl	16,5 PS (12 kW) bei 4200/min
Verdichtung	7:1
Steuerung	Stoßstangen/Kipphebel; Steuerkette
Zündung	Batterie; Spule; Unterbrecher
Elektrische Anlage	12 Volt; Batterie 32 Ah

Kraftstoffversorgung	1 Weber-Fallstromvergaser 26 IMB 1
Schmierung	Zahnradölpumpe; Fliehkraft-Ölfilter
Kühlung	Gebläse-Luftkühlung

FAHRWERK UND KRAFTÜBERTRAGUNG

Kupplung	Einscheiben-trocken
Getriebe	Vier- + R-Gang
Achsübersetzung	8:41
Antrieb	auf die Hinterräder
Hinterachse	Einzelradfederung; Dreiecksschräglenker und Schraubenfedern
Vorderachse	Einzelradfederung; Dreieckslenker oben; Querblattfeder unten
Stoßdämpfer	Öl-Teleskopdämpfer vorn und hinten
Räder und Reifen	Stahlscheibenräder ohne Durchbrüche; Bereifung 125 x 12 vorn und hinten
Bremsen	hydraulische Trommelbremse rundum; Handbremse mit Seilzug auf Hinterräder
Lenkung	Spindellenkung

RAHMEN UND ABMESSUNGEN

Bauweise	selbsttragende Stahlblechkarosserie
Gewicht voll beladen	780 kg
Radstand	1840 mm
Spurweiten	vorn 1121 mm; hinten 1135 mm
Höhe über alles	1325 mm
Länge über alles	2970 mm
Breite über alles	1320 mm

FAHRLEISTUNGEN UND PREIS

Höchstgeschwindigkeit	95 km/h
Kraftstoffverbrauch	ca. 4,5 l/100 km
Listenpreis ital.Lire (1959)	435.000

NUOVA 500 D – TETTO APRIBILE

MOTOR

Zahl und Anordnung der Zylinder	stehender Reihen-2-Zylinder im Heck
Bohrung x Hub	67,4 x 70 mm
Hubvolumen gesamt	499,5 cm^3
Leistung bei Drehzahl	17,5 PS (13 kW) bei 4000/min

Verdichtung	7,1:1
Steuerung	Stoßstangen/Kipphebel; Steuerkette
Zündung	Batterie; Spule; Unterbrecher
Elektrische Anlage	12 Volt; Batterie 32 Ah
Kraftstoffversorgung	1 Weber-Fallstromvergaser 26 IMB 4
Schmierung	Zahnradölpumpe; Fliehkraft-Ölfilter
Kühlung	Gebläse-Luftkühlung

FAHRWERK UND KRAFTÜBERTRAGUNG

Kupplung	Einscheiben-trocken
Getriebe	Vier- + R-Gang
Achsübersetzung	8:41
Antrieb	auf die Hinterräder
Hinterachse	Einzelradfederung; Dreiecksschräglenker und Schraubenfedern
Vorderachse	Einzelradfederung; Dreieckslenker oben; Querblattfeder unten
Stoßdämpfer	Öl-Teleskopdämpfer vorn und hinten
Räder und Reifen	Stahlscheibenräder ohne Durchbrüche; Bereifung 125 x 12 vorn und hinten
Bremsen	hydraulische Trommelbremse rundum; Handbremse mit Seilzug auf Hinterräder
Lenkung	Spindellenkung

RAHMEN UND ABMESSUNGEN

Bauweise	selbsttragende Stahlblechkarosserie
Gewicht voll beladen	820 kg
Radstand	1840 mm
Spurweiten	vorn 1121 mm; hinten 1135 mm
Höhe über alles	1325 mm
Länge über alles	2970 mm
Breite über alles	1322 mm

FAHRLEISTUNGEN UND PREIS

Höchstgeschwindigkeit	über 95 km/h
Kraftstoffverbrauch	ca. 4,8 l/100 km
Listenpreis ital.Lire (1960)	450.000

500 F

MOTOR

Zahl und Anordnung der Zylinder	stehender Reihen-2-Zylinder im Heck

Bohrung x Hub	67,4 x 70 mm
Hubvolumen gesamt	499,5 cm^3
Leistung bei Drehzahl	18 PS (13 kW) bei 4600/min
Verdichtung	7,1:1
Steuerung	Stoßstangen/Kipphebel; Steuerkette
Zündung	Batterie; Spule; Unterbrecher
Elektrische Anlage	12 Volt; Batterie 32 Ah
Kraftstoffversorgung	1 Weber-Fallstromvergaser 26 IMB 4
Schmierung	Zahnradölpumpe; Fliehkraft-Ölfilter
Kühlung	Gebläse-Luftkühlung

FAHRWERK UND KRAFTÜBERTRAGUNG

Kupplung	Einscheiben-trocken
Getriebe	Vier- + R-Gang
Achsübersetzung	8:41
Antrieb	auf die Hinterräder
Hinterachse	Einzelradfederung; Dreiecksschräglenker und Schraubenfedern
Vorderachse	Einzelradfederung; Dreieckslenker oben; Querblattfeder unten
Stoßdämpfer	Öl-Teleskopdämpfer vorn und hinten
Räder und Reifen	Stahlscheibenräder ohne Durchbrüche; Bereifung 125 x 12 vorn und hinten
Bremsen	hydraulische Trommelbremse rundum; Handbremse mit Seilzug auf Hinterräder
Lenkung	Spindellenkung

RAHMEN UND ABMESSUNGEN

Bauweise	selbsttragende Stahlblechkarosserie
Gewicht voll beladen	840 kg
Radstand	1840 mm
Spurweiten	vorn 1121 mm; hinten 1135 mm
Höhe über alles	1325 mm
Länge über alles	2970 mm
Breite über alles	1320 mm

FAHRLEISTUNGEN UND PREIS

Höchstgeschwindigkeit	über 95 km/h
Kraftstoffverbrauch	ca. 5,5 l/100 km
Listenpreis ital.Lire (1965)	475.000 (1972: 600.000)

500 L

MOTOR
Zahl und Anordnung der Zylinder	stehender Reihen-2-Zylinder im Heck
Bohrung x Hub	67,4 x 70 mm
Hubvolumen gesamt	499,5 cm^3
Leistung bei Drehzahl	18 PS (13 kW) bei 4600/min
Verdichtung	7,1:1
Steuerung	Stoßstangen/Kipphebel; Steuerkette
Zündung	Batterie; Spule; Unterbrecher
Elektrische Anlage	12 Volt; Batterie 32 Ah
Kraftstoffversorgung	1 Weber-Fallstromvergaser 26 IMB 4
Schmierung	Zahnradölpumpe; Fliehkraft-Ölfilter
Kühlung	Gebläse-Luftkühlung

FAHRWERK UND KRAFTÜBERTRAGUNG
Kupplung	Einscheiben-trocken
Getriebe	Vier- + R-Gang
Achsübersetzung	8:41
Antrieb	auf die Hinterräder
Hinterachse	Einzelradfederung; Dreiecksschräglenker und Schraubenfedern
Vorderachse	Einzelradfederung; Dreieckslenker oben; Querblattfeder unten
Stoßdämpfer	Öl-Teleskopdämpfer vorn und hinten
Räder und Reifen	Stahlscheibenräder ohne Durchbrüche; Bereifung 125 x 12 vorn und hinten
Bremsen	hydraulische Trommelbremse rundum; Handbremse mit Seilzug auf Hinterräder
Lenkung	Spindellenkung

RAHMEN UND ABMESSUNGEN
Bauweise	selbsttragende Stahlblechkarosserie
Gewicht voll beladen	850 kg
Radstand	1840 mm
Spurweiten	vorn 1121 mm; hinten 1135 mm
Höhe über alles	1325 mm
Länge über alles	2970 mm
Breite über alles	1320 mm

FAHRLEISTUNGEN UND PREIS
Höchstgeschwindigkeit	über 95 km/h
Kraftstoffverbrauch	ca. 5,5 l/100 km
Listenpreis ital.Lire (1968)	525.000 (1972: 670.000)

500 R

MOTOR

Zahl und Anordnung der Zylinder	stehender Reihen-2-Zylinder im Heck
Bohrung x Hub	73,5 x 70 mm (vom Fiat 126)
Hubvolumen gesamt	594 cm^3
Leistung bei Drehzahl	18 PS (13 kW) bei 4000/min
Verdichtung	7,5:1
Steuerung	Stoßstangen/Kipphebel; Steuerkette
Zündung	Batterie; Spule; Unterbrecher
Elektrische Anlage	12 Volt; Batterie 32 Ah
Kraftstoffversorgung	1 Weber-Fallstromvergaser 26 IMB
Schmierung	Zahnradölpumpe; Fliehkraft-Ölfilter
Kühlung	Gebläse-Luftkühlung

FAHRWERK UND KRAFTÜBERTRAGUNG

Kupplung	Einscheiben-trocken
Getriebe	Vier- + R-Gang
Achsübersetzung	8:39
Antrieb	auf die Hinterräder
Hinterachse	Einzelradfederung; Dreiecksschräglenker und Schraubenfedern
Vorderachse	Einzelradfederung; Dreieckslenker oben; Querblattfeder unten
Stoßdämpfer	Öl-Teleskopdämpfer vorn und hinten
Räder und Reifen	Stahlscheibenräder ohne Durchbrüche; Bereifung 125 x 12 vorn und hinten
Bremsen	hydraulische Trommelbremse rundum; Handbremse mit Seilzug auf Hinterräder
Lenkung	Spindellenkung

RAHMEN UND ABMESSUNGEN

Bauweise	selbsttragende Stahlblechkarosserie
Gewicht voll beladen	840 kg
Radstand	1840 mm
Spurweiten	vorn 1121 mm; hinten 1135 mm
Höhe über alles	1325 mm
Länge über alles	2970 mm
Breite über alles	1320 mm

FAHRLEISTUNGEN UND PREIS

Höchstgeschwindigkeit	ca. 100 km/h

Kraftstoffverbrauch ca. 5,5 l/100 km
Listenpreis ital.Lire (1972) 660.000 (1975: 1.064.000)

500 GIARDINIERA

MOTOR
Zahl und Anordnung der Zylinder liegender Reihen-2-Zylinder im Heck
Bohrung x Hub 67,4 x 70 mm
Hubvolumen gesamt 499,5 cm^3
Leistung bei Drehzahl 21,5 SAE-PS (ca.16 kW) bei 4000/min
Verdichtung 7:1
Steuerung Stoßstangen/Kipphebel; Steuerkette
Zündung Batterie; Spule; Unterbrecher
Elektrische Anlage 12 Volt; Batterie 32 Ah
Kraftstoffversorgung 1 Weber-Flachstromvergaser 26 OC
Schmierung Zahnradölpumpe; Fliehkraft-Ölfilter
Kühlung Gebläse-Luftkühlung

FAHRWERK UND KRAFTÜBERTRAGUNG
Kupplung Einscheiben-trocken
Getriebe Vier- + R-Gang
Achsübersetzung 8:41
Antrieb auf die Hinterräder
Hinterachse Einzelradfederung; Dreiecksschräglenker und Schraubenfedern
Vorderachse Einzelradfederung; Dreieckslenker oben; Querblattfeder unten
Stoßdämpfer Öl-Teleskopdämpfer vorn und hinten
Räder und Reifen Stahlscheibenräder ohne Durchbrüche; Bereifung 12" vorn und hinten
Bremsen hydraulische Trommelbremse rundum; Handbremse mit Seilzug auf Hinterräder
Lenkung Spindellenkung

RAHMEN UND ABMESSUNGEN
Bauweise selbsttragende Stahlblechkarosserie
Gewicht voll beladen 875 kg
Radstand 1940 mm
Spurweiten vorn 1121 mm; hinten 1131 mm
Höhe über alles 1354 mm
Länge über alles 3182 mm
Breite über alles 1323 mm

FAHRLEISTUNGEN UND PREIS
Höchstgeschwindigkeit über 95 km/h
Kraftstoffverbrauch ca. 5,2 l/100 km
Listenpreis ital. Lire (1960) 565.000 (1967: 575.000)

Wesentliche technische Daten der vom Fiat 500 abgeleiteten Grundmodelle Abarth und Giannini

FIAT ABARTH 595

Präsentation	1963	Homologationsgewicht (leer)	485 kg
Bohrung x Hub	73,5 x 70 mm	Höchstgeschwindigkeit	121 km/h
Hubvolumen gesamt	594 cm^3	Beschleunigung 0 auf 80 km/h	14 sec
Leistung bei Drehzahl	27 PS (20 kW) bei 5000/min	Beschleunigung 0 auf 100 km/h	25,4 sec
Vergaser	Solex C 28 PBJ	Zeit für stehenden Kilometer	42 sec
Ölwanneninhalt	4 Liter	Preis	595.000 Lire
Zündkerzen	Marelli CW 240 N	Instrumentenbrett Rennversion	35.000 Lire
Bremsfläche pro Rad	432 cm^2	Abarth-Leichtmetallräder	22.500 Lire pro Stück

FIAT ABARTH 595 SS

Präsentation	1964	Zündkerzen	Marelli CW 240 N
Bohrung x Hub	73,5 x 70 mm	Homologationsgewicht (leer)	485 kg
Hubvolumen gesamt	594 cm^3	Höchstgeschwindigkeit	130 km/h
Leistung bei Drehzahl	32 PS (23,5 kW) bei 6000/min	Preis	650.000 Lire
		Instrumentenbrett Rennversion	35.000 Lire
Vergaser	Solex 34 PBIC	Abarth-Leichtmetallräder	22.500 Lire pro Stück
Ölwanneninhalt	4 Liter	Achsübersetzung 8/39	25.000 Lire

FIAT ABARTH 695

Präsentation	1964	Ölwanneninhalt	4 Liter
Bohrung x Hub	76 x 76 mm	Zündkerzen	Marelli CW 240 N
Hubvolumen gesamt	689 cm^3	Homologationsgewicht (leer)	485 kg
Leistung bei Drehzahl	30 PS (22 kW) bei 4900/min	Höchstgeschwindigkeit	130 km/h
Vergaser	Solex 34 PBIC	Preis	640.000 Lire

FIAT ABARTH 695 SS

Präsentation	1964	Preis	695.000 Lire
Bohrung x Hub	76 x 76 mm	Instrumentenbrett Rennversion	35.000 Lire
Hubvolumen gesamt	689 cm³	Abarth-Leichtmetallräder	22.500 Lire pro Stück
Leistung bei Drehzahl	38 PS (28 kW) bei 5200/min	Lederlenkrad	19.000 Lire
Vergaser	Solex 34 PBIC	Scheibenbremsen vorn	50.000 Lire
Ölwanneninhalt	4 Liter	Kunststoff-Dachaufsatz	
Zündkerzen	Marelli CW 240 N	Werkseinbau	75.000 Lire
Homologationsgewicht (leer)	485 kg	desgl. nachträglich montiert	145.000 Lire
Höchstgeschwindigkeit	140 km/h		

FIAT ABARTH 695 (595) SS ASS. CORSA

Präsentation	1965	Identische Daten wie Modelle 695/595 SS außer:	
		Spurweite vorn	1161 mm
		Spurweite hinten	1175 mm

GIANNINI 500 TV (1966)

Bohrung x Hub	67,4 x 70 mm	Zündkerzen	Marelli CW 255
Hubvolumen gesamt	499,5 cm³	Bremsfläche pro Rad	432 cm²
Leistung bei Drehzahl	25 PS (18,5 kW) bei 5200/min	Homologationsgewicht (leer)	485 kg
		Preis	585.000 Lire
Vergaser	Weber 26 IMB 4	Hartverchromte Kurbelwelle	
Ölwanneninhalt	3 Liter		

GIANNINI 500 TV SPECIAL (1966)

Bohrung x Hub	67,4 x 70 mm	Ölwanneninhalt	3 Liter
Hubvolumen gesamt	499,5 cm³	Zündkerzen	Marelli CW 240
Leistung bei Drehzahl	29 PS (21 kW) bei 5200/min	Höchstgeschwindigkeit	115 km/h
Vergaser	Weber 26 IMB 4	Preis	593.000 Lire

GIANNINI 590 GT (1966)

Bohrung x Hub	73 x 70 mm	Ölwanneninhalt	3 Liter
Hubvolumen gesamt	586 cm³	Höchstgeschwindigkeit	120 km/h
Leistung bei Drehzahl	31 PS (23 kW) bei 5500/min	Preis	615.000 Lire
Vergaser	Weber 30 ICF 1		

GIANNINI 590 GT SPECIAL (1966)

Bohrung x Hub	73 x 70 mm	Vergaser	Solex 32 PBIC
Hubvolumen gesamt	586 cm³	Ölwanneninhalt	3 Liter
Leistung bei Drehzahl	35 PS (26 kW) bei 5500/min	Höchstgeschwindigkeit	128 km/h
		Preis	665.000 Lire

Produktionszahlen

MODELL	ZEITRAUM	PRODUKTIONSZAHL *)	
Nuova 500 (479 cm^3 und Sport)	1957–1960	181.037	(181.000)
Nuova 500 D (499 cm^3)	1960–1965	640.520	(642.000)
500 Giardiniera (Kombi)	1960–1965	161.132	(170.000)
500 F und L (alle Modelle 110 F)	1965–1972	2.272.092	(2.272.000)
500 R (Sizilfiat und Autobianchi)	1972–1975	168.430	(340.000)

*) Die Produktionszahlen wurden aus verschiedenen Quellen zusammengetragen und auf die fünf genannten Modellgruppen umgerechnet. Die Zahlen in Klammern entstammen einer weiteren Quelle, nämlich dem Fiat-Museum, Turin (Centro Storico Fiat)

Zulassungszahlen des Fiat 500 in Italien

JAHR	ZULASSUNGEN*)	ANMERKUNGEN
1957	12.505	Produktionsanlauf
1958	9.447	Drastische Abnahme der Zulassungen gegenüber 1957
1959	26.246	Fast eine Verdreifachung gegenüber Vorjahr
1960	67.013	Normalisierung
1961	58.428	
1962	93.352	Beginn des stetigen Wachstums
1963	148.290	
1964	163.588	
1965	213.367	
1966	264.523	
1967	317.295	

1968	302.231	
1969	333.744	
1970	351.477	Höchste Zulassungszahl an Fiat 500 in Italien
1971	320.365	Der Abstieg beginnt
1972	183.950	Erscheinungsjahr des Fiat 126
1973	81.565	Mehr als 150.000 Zulassungen für den 126
1974	43.960	Etwa 180.000 in Italien verkaufte 126
1975	39.041	Letztes Produktionsjahr des Nuova 500

*) Die Zulassungszahlen enthalten auch Ummeldungen gebrauchter Wagen von einer Provinz zur anderen; sie enthalten jedoch nicht die unverkauften Einheiten bei Händlern und Exporteuren. Zulassungs- und Produktionszahlen können daher weit auseinanderliegen

Fahrgestellnummern

JAHR	MODELL	FAHRGESTELLNUMMERN VON	BIS	INSGESAMT
1957	Nuova 500 *)	000101	028538	28.482
1958	Nuova 500 **)	028539	051383	22.844
1959	Nuova 500 ***)	051384	117657	66.273
1960	Nuova 500 ***)	117658	181137	63.479
1960	Nuova 500 D	182001	202091	20.900
1960	500 Giardiniera	000051	027418	27.367
1961	Nuova 500 D	202092	288933	86.841
1961	500 Giardiniera	027419	062437	35.018
1962	Nuova 500 D	288934	421569	132.635
1962	500 Giardiniera	062438	082233	19.795
1963	Nuova 500 D	421570	607204	135.634
1963	500 Giardiniera	082234	113706	31.472
1964	Nuova 500 D	607205	800834	193.629
1964	500 Giardiniera	113707	138044	24.337
1965	Nuova 500 D	800835	822520	28.685
1965	500 Giardiniera	138045	161182	23.137
1965	Nuova 500 F	824001	1056856	232.855
1966	Nuova 500 F	1056857	1333077	276.220

1967	Nuova 500 F	1333078	1674690	232.855
1968	500 F/L	1674691	2011357	336.666
1969	500 F/L	2011358	2362389	351.031
1970	500 F/L	2362390	2742562	380.172
1971	500 F/L	2742563	2971992	229.429
1971	500 F/L SICILFIAT	5016129	5057789	41.660
1971	500 F/L AUTOBIANCHI	6030953	6081301	50.348
1972	500 F/L	2993913	3096091	102.177
1972	500 F/L SICILFIAT	5057890	5096649	38.759
1972	500 F/L AUTOBIANCHI	6086576	6120574	33.998
1972	500 R SICILFIAT	5096796	5104051	7.255
1972	500 R AUTOBIANCHI	6120654	6136250	15.596
1973	500 R SICILFIAT	5104052	5155805	51.755
1973	500 R AUTOBIANCHI	6136251	6154362	18.111
1974	500 R SICILFIAT	5155806	5203179	47.373
1975	500 R SICILFIAT	5203180	5231518	28.340

*)   enthält die Ausführungen Economica und Normale
**)   enthält die Ausführungen Economica, Normale und Sport
***)   enthält die Ausführungen trasformabile, t.a. und Sport

TESTEN SIE AUTO MOTOR UND SPORT.

auto motor und sport testet jedes Jahr über 400 Autos - vom VW Polo mit 45 PS bis zum 500.000 Mark teuren Ferrari F40 mit 478 PS. Moderne Meßmethoden, zwei Millionen Testkilometer pro Jahr sowie eine Test-Mannschaft mit langjähriger Erfahrung und sicherem Beurteilungsvermögen bilden die Basis für die anerkannte Testkompetenz von Europas großem Automagazin. Für Ein- und Aufsteiger der mobilen Gesellschaft ist auto motor und sport die kompetente Informationsquelle. Testen sie uns. Alle 14 Tage neu bei Ihrem Zeitschriftenhändler und an Ihrer Tankstelle.

Unabhängig. Kritisch. Engagiert.